SCHILDER!

Oorspronkelijke titel: Paint! Landscapes

© 2000 Librero b.v. (Nederlandstalige editie), Postbus 79, 5320 AB Hedel

© 2000 RotoVision SA, Rue du Bugnon 7, 1299 Crans-Près-Céligny, Zwitserland

Lay-out: Brenda Dermody; Productie: TextCase, Groningen; Vertaling; Annemarie van Frankenhuysen; Redactie: Linda Beukers; Opmaak: Mercator, Groningen

Distributie Vlaanderen: Boeken Diogenes bvba, Paulus Beyestraat 135, 2100 Deurne

Printed in Singapore

ISBN 90 5764 125 9   10 9 8 7 6 5 4 3 2 1

SCHILDER!
LANDSCHAPPEN

BETSY HOSEGOOD

Librero

Inhoud

Inleiding

Dit boek brengt een ode aan het landschap – gezien door de ogen van een aantal verschillende kunstenaars. Het beoogt te laten zien dat er geen eenduidig goede of slechte manier of techniek bestaat om een landschap te schilderen. De kunstenaars zijn afkomstig uit verschillende landen en hebben verschillende achtergronden. Sommigen hebben een indrukwekkende studie achter de rug, anderen zijn autodidact; sommigen hebben een beroemde kunstacademie doorlopen, anderen hebben het vak geleerd bij één enkele leermeester. Maar wat ze allemaal gemeen hebben, is hun liefde voor het landschap en hun talent om dit vast te leggen met behulp van verf.

Bij de benadering van zijn onderwerp kan de kunstenaar ervoor kiezen dat wat hij ziet zo waarheidsgetrouw mogelijk over te brengen. Een andere manier om de essentie te vangen, is het uitbeelden van de emoties die het onderwerp oproept of de kracht die het uitstraalt. De meeste kunstenaars zullen zeggen dat ze van allebei een beetje doen, maar sommigen brengen emoties subtieler over dan anderen. De een zal bijvoorbeeld het kleurgebruik voorzichtig intensiveren, terwijl een ander misschien zo veel verandert aan kleur en vorm dat het oorspronkelijke tafereel nauwelijks nog herkenbaar is.

Wanneer u dit boek doorbladert, zal u opvallen dat de stijlen binnen elke groep vaak erg verschillend zijn – hoewel de schilderijen grofweg zijn ingedeeld naar expressiemiddel. Dit komt doordat de kunstenaars hun stijl niet aanpassen aan het medium, maar juist het medium naar hun hand zetten.

Over dit boek

Anders dan andere boeken geeft dit boek geen persoonlijke mening over of waardering van een serie schilderijen. In plaats daarvan spreken de kunstenaars zich uit over hun schilderijen, vertellen ze wat hen motiveerde om een bepaald tafereel te schilderen en hoe dat proces verliep. Gaandeweg ontdekt u wat het kunstenaarschap inhoudt.

Ingewikkelde termen of werkwijzen worden vermeden, dus ook als u nooit eerder iets over kunst gelezen hebt, kunt u dit boek gebruiken. Specifieke informatie over technieken wordt afzonderlijk gegeven, zodat u die naar believen kunt opzoeken. Omdat beelden meer zeggen dan woorden, worden diagrammen gebruikt om uit te leggen hoe de kunstenaars de compositie van hun schilderijen tot stand brachten.

Van iedere kunstenaar worden één of meer schilderijen gedetailleerd onder de loep genomen. Dit onderdeel bestaat uit vier categorieën, zodat u gemakkelijk díe onderdelen die u interesseren kunt opzoeken. Allereerst wordt de motivatie van de kunstenaar behandeld en wordt er achtergrondinformatie verschaft over het werk: wat trok de aandacht van de kunstenaar, hoe reageerde hij in eerste instantie? Dan volgt een uitleg bij de compositie, daarna van het kleurgebruik en ten slotte wordt aandacht besteed aan eventuele bijzondere schildertechnieken.

Compositie

Compositie is een nogal technisch onderwerp, waarbij, misschien tot uw verbazing, soms ingewikkelde berekeningen komen kijken. Gelukkig hoeft u hier niet het fijne van te weten om van kunst te kunnen genieten, maar als u zelf kunstschilder wilt worden, is het zeker raadzaam om een cursus over dit onderwerp te volgen of er een boek over te lezen. Dit boek belicht een beperkt aantal aspecten van de compositie om een indruk van de mogelijkheden te geven.

Met betrekking tot landschappen zijn de twee meest relevante compositionele hulpmiddelen: de gulden snede en de regel van de driedeling. De gulden snede werd geformuleerd door Vitruvius in de 1e eeuw n.Chr. Hij stelde dat een harmonisch geheel van ongelijke delen bereikt wordt, wanneer het kleinere deel zich proportioneel verhoudt tot het grotere deel zoals het grotere deel zich verhoudt tot het geheel. In wiskundige termen levert dit de getallenreeks 1, 2, 3, 5, 8, 13, 21, 34, enzovoort op. Deze reeks komt ook voor in de natuur – bijvoorbeeld in de manier waarop takken en twijgen groeien aan een boom of een zeeschelp in grote toeneemt.

Op het doek creëert een kunstschilder deze verhoudingen door met een passer en een liniaal het vlak te verdelen in vier ongelijke delen met een verticale en een horizontale lijn (zie diagrammen). De kunstenaar kan ervoor kiezen het punt waar de lijnen elkaar kruisen als brandpunt te nemen, of meerdere onderwerpen in de verschillende secties te passen. Zo kan hij bijvoorbeeld de horizon op de horizontale lijn plaatsen, zodat het land in het onderste gedeelte valt. Of hij kan een grote boom of een gebouw zo plaatsen dat een van de bovenste secties gevuld of doorsneden wordt door de verticale lijn.

De gulden snede is vrij ingewikkeld, waardoor de meeste kunstenaars tegenwoordig de meer eenvoudige regel van de driedeling, die op hetzelfde idee gebaseerd is, gebruiken. Als we het vlak met lijnen zowel horizontaal als verticaal in drieën verdelen, hebben we daar waar de lijnen elkaar kruisen de prettigste punten om onze blik op te richten (zie diagram hieronder). Veel landschapsschilders plaatsen de horizon op of dichtbij een van de horizontale lijnen, omdat deze goede proporties opleveren. Vaak gebeurt dit onbewust.

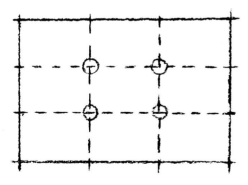

De regel van de driedeling

De gulden snede

De gulden snede is een manier om door een exacte verdeling van het vlak volgens wiskundige lijnen verhoudingen te scheppen die als perfect worden beschouwd. Gebruik het diagram rechts om een vlak volgens deze lijnen te verdelen. Teken eerst de maten over op papier, zodat u ze daarna op het vlak kunt overbrengen.

Bepaal eerst hoe breed uw schilderij wordt en trek een horizontale lijn op papier van A naar B (u kunt op schaal werken).

Trek een verticale lijn van B naar C met een lengte van de helft van AB. Verbind C met A met een rechte lijn. Neem nu een passer en zet de punt op C met het potlood op B en teken een boog die de lijn CA snijdt. Noem dit punt D.

Zet nu de punt van de passer op A en het potlood op D, en teken een boog door AB bij E naar een punt vlak onder A bij F. EB is in verhouding tot AE wat AE is in verhouding tot AB.

Plaats de passerpunt op E en het potlood op B en teken een boog naar een punt direct onder E bij G. Maak een vierkant zoals in het diagram. Breng dit vierkant met horizontale en verticale lijnen over op het vlak en gebruik het om een compositie te maken volgens de regels van de gulden snede.

De regel van de driedeling

Wanneer u het doek volgens deze regel in drieën verdeelt, zijn de beste punten voor eventuele brandpunten daar waar de lijnen elkaar kruisen. Kunstenaars plaatsen in een landschap de horizon vaak op een van deze drie lijnen.

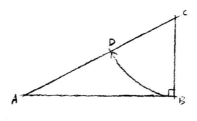

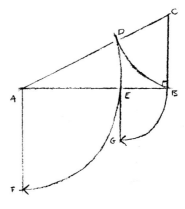

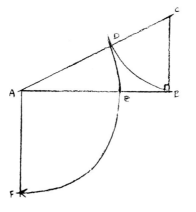

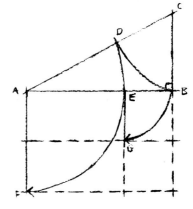

Kleur

Niet-ingewijden gaan er misschien gemakkelijk aan voorbij, maar amateurschilders bewonderen de fabelachtige kleuren van een goed schilderij, want zij weten hoeveel oefening en ervaring het kost om de gewenste kleuren te mengen. U kunt de complexiteit van het mengen van kleuren pas echt op waarde schatten door het zelf te proberen, en alleen door oefening kunt u het kleurenmengen goed onder de knie krijgen. Desalniettemin kan kennis van het kleurenspectrum, gecombineerd aan enig inzicht in de vervaardiging van verf, een goed hulpmiddel zijn.

Als u net begint met schilderen, en zelfs als u zichzelf beschouwt als een ervaren amateur, kunt u veel leren door het aantal kleuren dat u gebruikt te beperken. Begin met zes tot tien kleuren en voeg er geen nieuwe aan toe tot u ze onder de knie hebt. (Zie blz. 11 voor een goed basispalet.)

Het is belangrijk om kwalitatief goede verf aan te schaffen en te blijven gebruiken. Student quality-verven zijn prima te gebruiken als u alleen van plan bent wat te kladderen en te schetsen, maar de kwaliteit is meestal minder dan die van artists' quality-verven – met name aquarelverf van inferieure kwaliteit kan snel vervagen. Als u bovendien begint met student quality en later overstapt op artists' quality, kan het zijn dat de kleur en intensiteit verschillend zijn, waardoor u opnieuw moet leren hoe u de verf moet gebruiken. Per merk kan verf ook heel verschillend zijn, dus als u eenmaal verf gevonden hebt die bevalt, houd daar dan aan vast.

Kleuren mengen

De kleuren van het spectrum –traditioneel weergegeven in een kleurencirkel– omvatten de primaire kleuren rood, geel en blauw met daartussenin de secundaire kleuren oranje, groen en paars. Ze vormen een goed visueel hulpmiddel bij het in de vingers krijgen van de grondbeginselen van het mengen van kleuren. Een kleurencirkel geeft echter alleen maar weer wat er gebeurt wanneer u aangrenzende kleuren mengt en laat andere mogelijkheden buiten beschouwing. Veelgebruikte neutralen,

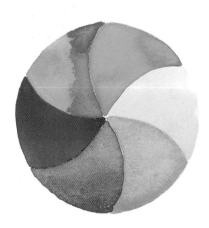

bijvoorbeeld, verkrijgt u door juist tegenovergestelde kleuren van de cirkel te gebruiken. Ook kunt u een kleur iets dempen door een klein beetje van de tegenovergestelde kleur mee te mengen.

Een ander probleem is dat er geen tubetjes primair rood, geel en blauw bestaan. En hoe kan de kunstenaar, als hij geen primair rood of geel heeft, nu een puur oranje mengen? Het antwoord is dat dat inderdaad niet kan, maar dat is nu niet belangrijk. U kunt een enorme serie prachtige oranjes mengen door een koel of warm geel te nemen en dit te mengen met een koeler of warmer rood. Een kleur die niet gemakkelijk gemengd kan worden, kunt u apart aanschaffen – veel schilders voegen bijvoorbeeld een groen als vert émeraude of een andere sterke kleur als mangaanviolet toe.

Een goed palet voor een landschapschilder kan bestaan uit twee kleuren geel, twee rood en twee blauw; van elke kleur een warme en een koele tint. De gebruikelijkste en betrouwbaarste kleuren zijn cadmiumgeel citroen; cadmiumgeel middel; quinacridoneviolet of alizarine karmijn (koel); cadmiumrood (warm) ceruleumblauw (koel); en Frans ultramarijn (warm). Daar kunt u nog twee kleuren groen aan toevoegen –vert émeraude en chroomoxydgroen– hoewel veel kunstenaars liever hun eigen groen mengen met blauw en geel. Verder is een palet niet compleet zonder een paar aardekleuren, zoals oker, sienna gebrand en omber naturel. Een goed wit, zoals loodwit voor olieverf of titaanwit voor andere verfsoorten, is essentieel. Een uitzondering hierop vormt aquarelverf, omdat veel schilders die bij voorkeur puur –zonder toevoeging van wit– gebruiken.

cadmiumgeel citroen   cadmiumgeel middel   okergeel

alizarine karmijn   cadmiumrood   Frans ultramarijn   ceruleumblauw

vert émeraude   chroomoxydgroen   sienna gebrand   omber naturel

Werkwijze

De werkwijze van een kunstenaar is zeer persoonlijk. Ook als twee kunstschilders door dezelfde leermeester zijn onderwezen en dezelfde materialen gebruiken, dan nog hebben ze ieder een eigen stijl. Dit is natuurlijk een deel van de aantrekkingskracht van kunst. Kunstschilders gebruiken hun vaardigheden om zich uit te drukken en interpreteren dat wat ze geleerd hebben op hun eigen manier. Kunstenaars kunnen veel van elkaar leren, maar leren uiteindelijk het meest door oefening. Ze moeten vooral niet proberen om precies hetzelfde te doen als een van hun medeschilders. Omdat het bij kunst draait om zelfexpressie, bespreekt dit boek een aantal technieken gezien door de ogen van de schilder. Dit kan soms verwarrend zijn. Een kunstenaar kan bijvoorbeeld van mening zijn dat hij veel textuur in zijn schilderij aanbrengt, terwijl het schilderij in dat opzicht minder interessant is dan een schilderij van een andere schilder die beweert dat hij niet veel aandacht aan de textuur heeft besteed. Onthoud dat alles relatief is en dat iedere kunstenaar zijn eigen uitgangspunt en doel heeft.

Aquareltechnieken

Aquarelverf is geweldig materiaal voor landschappen en zelfs schilders die de voorkeur geven aan andere materialen beginnen vaak met een schets in waterverf op locatie. Deze verf is met name geschikt om licht te vangen – zowel in de lucht als in reflecties van water. Echte aquarelverf verwerkt een schilder zonder witte verf toe te voegen, maar een klein beetje Chineeswit voor wat schittering wordt zelfs door puristen door de vingers gezien. Wanneer een schilder veel wit gebruikt of als door de fabrikant wit aan de verf is toegevoegd om die minder transparant te maken, noemen we dit gouache.

Wie niet erg bekend is met aquarel, associeert het misschien alleen met de bleke, zwaarmoedige schilderijen van victoriaanse, deftige dames. Dit boek laat zien dat aquarelverf, mits goed gebruikt, een dramatisch en kleurrijk medium is dat op allerlei manieren gemanipuleerd kan worden om opwindende effecten te creëren.

Olieverftechnieken

Schilders die meer traditioneel georiënteerd zijn, kiezen vaak voor olieverf vanwege de indrukwekkende historische referenties. Aan kunstacademies zijn door de jaren heen regels voor het werken met olieverf ontwikkeld die schilders overnemen of links laten liggen. Sommige van die regels kunt u echter beter

niet negeren, omdat ze stevig gestoeld zijn op wetenschappe-lijke feiten. Een van die regels is die van 'dik over dun', dat wil zeggen dikke verf over dunnere –met terpentijn verdunde– verf. Deze regel is niet alleen zinnig omdat dunnere verf sneller droogt waardoor er sneller gewerkt kan worden, maar ook omdat dunne verf over dikke, olieachtige verf uiteindelijk zou kunnen barsten als de verf opdroogt.

Acryltechnieken

Acrylschilderijen zijn lang genegeerd door verzamelaars en puristen, maar nu winnen zij terrein, met name omdat steeds meer schilders acryl gebruiken. Acrylverf kan op dezelfde ma-nier gebruikt worden als aquarel- en olieverf, en droogt snel.

Hierdoor is acrylverf uitermate geschikt om buiten mee te wer-ken – anders dan met een nat olieverfschilderij, hoeft u zich geen zorgen te maken over beschadigingen tijdens het vervoe-ren van een schilderij in acrylverf.

Pasteltechnieken

Pastel wordt vaak beschouwd als een tekenmateriaal, vanwe-ge de manier waarop het wordt aangebracht, maar eenmaal uitgeveegd en gemengd, lijkt het resultaat vaak meer op een schilderij. Zoals u kunt zien aan de voorbeelden in dit boek, is pastel een fantastisch materiaal, waarmee heel gedetailleerd en met een subtiel kleurgebruik gewerkt kan worden.

Gemengde technieken

Kunstenaars die verschillende technieken in een schilderij gebruiken, kunnen hun voordeel doen met de specifieke kwali-teiten van elk materiaal en zich op even veel manieren uitdruk-ken. Acrylverf, gouache en aquarel zijn alle bruikbaar voor een schilderij in gemengde technieken, bestaande uit eerderge-noemde technieken, eventueel pen en inkt, en zelfs kleurpotlo-den of kleurpennen. Olieverf wordt zelden gebruikt in dit verband, omdat de andere materialen over het algemeen op waterbasis zijn en om die reden gemakkelijker combineren.

aquarel

LANDSCHAPPEN AQUAREL

"Plekken die ik in mijn dromen zie, inspireren me."

"Het landschap is mijn taal. Adembenemende plaatsen brengen me in vervoering. Daarbij draait het niet om grootse verge-zichten of de hoogste bergtoppen, maar om een samenspel van vormen, kleuren, details en bewegingen die me dwingen te schilderen. Ik word geïnspireerd door de plaatsen uit mijn dromen, die mijn herinneringen wakker schudden en me bewust maken dat ik in Afrika ben geboren."

"Wanneer ik ergens zit of loop, hoor ik muziek, die uit een soort diepe bron in mijzelf komt. Ik hoor complete symfonieën, een muzikale notatie van het ritme van het leven, in al haar dichtheid, herhaling en stilten, met al haar drama en routine. Mozart, waar ik van houd, en heavy metal, waarvan ik nog niet goed weet wat ik ervan vind, beïnvloeden me. Ik word ook beïnvloed door de poëzie die ik lees voor mijn plezier en door de krant waar ik onder lijd. Ik neem het meeste van de kunst die ik zie in me op en word er door geïnspireerd, waar de nadruk ook ligt."

"Landschappen hebben hun eigen taal; iets oneindigs, dat me altijd nieuwe dingen over mezelf en mijn relatie met de wereld leert. Het stimuleert mijn bewustzijn en waardering van het heilige dat besloten ligt in het moment en de plaats."

Rochas 13.5 **door Thirza Kotzen** aquarelverf op papier **21 x 21 cm.**

Rochas 13.5.97   Thirza Kotzen.

Compositie

"Wanneer ik schilder ben ik me er voortdurend van bewust dat het beeld dat ik neerzet tweedimensionaal is en geen natuurgetrouwe interpretatie van wat ik zie. Daarom is het belangrijk om díe elementen te benadrukken die mijn gevoelens overbrengen. Daarvoor maak ik gebruik van overdrijving, vervorming, en een sterke compositie, met inachtneming van het formaat. De geometrie van de compositie is essentieel."

Rochas 13.5.97

Thirza Kotzen.

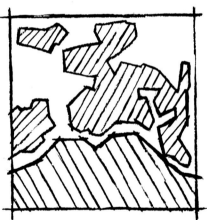

Een vierkant, dat zowel horizontaal als verticaal genoeg ruimte heeft, nodigt de beschouwer uit om zijn blik in ronde bewegingen over het beeld te laten dwalen, waardoor hij geboeid blijft.

Rochas 13.5 gaat niet over een reis. Het gaat over de magie van een plaats die levenloos lijkt, maar in werkelijkheid doortrokken is van eeuwen van leven. Hier is het belangrijk om de aandacht van de beschouwer vast te houden door de samenhang met het moment. Ik vond deze plaats, met zijn monumentale, eeuwenoude rotsen, de vergankelijke bomen en de bloedrode, door de mens bewerkte aarde, en voelde een overweldigende sensatie van eenheid en harmonie. Dit heb ik vastgelegd op een vierkant formaat, zodat de beschouwer zijn ogen langzaam rond de compositie kan laten draaien."

Let op de terugkerende kleuren, zoals het scherpe lindegroen en het 'sappige' vert émeraude. Deze kleuren houden onze aandacht vast en scheppen daarnaast harmonie en evenwicht.

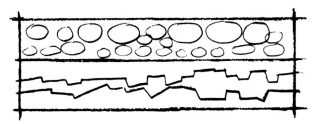

Het is misschien het gemakkelijkst om een langgerekt horizontaal formaat te 'lezen' als een boek van links naar rechts. De kleuren die Thirza tussen de bomen heeft aangebracht, lijken te dansen, wat de beschouwer als het ware in het schilderij trekt en zijn aandacht vasthoudt.

"In *Rivier 2* heb ik de kleuren versterkt om het gevoel van warmte, licht en ritme te verhogen. Ik heb onbelangrijke details weggelaten en me geconcentreerd op de 'reis': het gevoel van beweging en tijdloosheid, terwijl je je langs de rivier beweegt. Om dit te bewerkstelligen, heb ik een langwerpig horizontaal formaat gebruikt. Tussen de bomen heb ik terugkerende, oplichtende ruimten opengelaten om te voorkomen dat de beschouwer van links naar rechts het beeld verlaat."

gulden regel

Vierkant formaat

Veel schilders schilderen landschappen op 'landschapsformaat' – dat wil zeggen, een voorstelling die meer breed dan hoog is. Dit geeft niet alleen maximale ruimte aan het landschap, maar conformeert ook aan ons gezichtsveld dat een breed ovaal beslaat. Sommige schilders (en fotografen) geven echter de voorkeur aan een vierkant formaat, omdat dit een evenwichtig beeld schept en benadrukt dat het om kunst gaat, en niet slechts om een imitatie van de natuur.

Kleur

"Mensen vragen me vaak naar mijn gebruik van kleuren en eerlijk gezegd kan ik niet vertellen hoe en waarom ik ze gebruik. Juist dat gedeelte komt diep vanbinnen en heeft een kracht die zowel geheimzinnig als ongrijpbaar is. Het kleurgebruik is het emotioneelste deel van mijn creativiteit en ik hecht grote waarde aan het intuïtieve aspect ervan. Ik bekrachtig wat ik schilder met kleuren en dat verleent mijn werk zijn samenhang en zijn eigen gezicht."

Het schilderspalet

"Ik gebruik materialen van de beste kwaliteit die ik me kan veroorloven. Hoe zuiverder het pigment, des te duurder de verf. Ik gebruik Winsor & Newton en Old Holland voor aquarelverf, en Old Holland en Rembrandt (erg romig) voor olieverf. Ik gebruik veel ultramarijn, citroengeel, cadmiumrood en alizarineverfen. Verder gebruik ik altijd Paynesgrijs en zelden zwart. Zwart kan een schilderij doods maken."

citroengeel · alizarine roze

alizarine roze · ultramarijn

citroengeel · cadmiumrood

ultramarijn · citroengeel

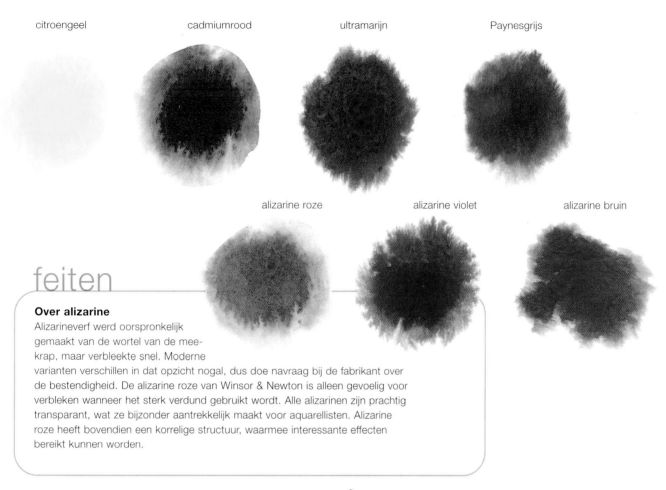

citroengeel

cadmiumrood

ultramarijn

Paynesgrijs

alizarine roze

alizarine violet

alizarine bruin

feiten

Over alizarine

Alizarineverf werd oorspronkelijk gemaakt van de wortel van de mee-krap, maar verbleekte snel. Moderne varianten verschillen in dat opzicht nogal, dus doe navraag bij de fabrikant over de bestendigheid. De alizarine roze van Winsor & Newton is alleen gevoelig voor verbleken wanneer het sterk verdund gebruikt wordt. Alle alizarinen zijn prachtig transparant, wat ze bijzonder aantrekkelijk maakt voor aquarellisten. Alizarine roze heeft bovendien een korrelige structuur, waarmee interessante effecten bereikt kunnen worden.

Werkwijze

"Ik vind techniek belangrijk, maar het moet niet te veel benadrukt worden, tenzij ze het onderwerp van het werk is. Vaardigheid vloeit voort uit zelf zien en doen, en ervaring. Wanneer de techniek te veel benadrukt wordt, laat het werk de beschouwer vaak onberoerd, ook al heeft hij er misschien bewondering voor. Ik streef ernaar in mijn werk de kwetsbaarheid niet door correctheid verloren te laten gaan. Voor mij is het cruciaal dat de beschouwer de persoon achter het werk voelt."

"Ik cultiveer niet één bepaalde techniek, hoewel ik zeker weet dat mijn manier van werken uniek is. Ik zie mijn manier van schilderen als het middel om me uit te drukken en dat gebeurt zo ingewikkeld of juist eenvoudig als nodig is. In zowel mijn aquarellen als mijn olieverfschilderijen worden herhaaldelijk lagen verf opgebouwd en weer afgebroken tot het gewenste evenwicht is bereikt. Ik houd altijd in mijn achterhoofd dat grote kunstenaars als Picasso enorme impact en gevoeligheid bereikten met vaak heel eenvoudige middelen."

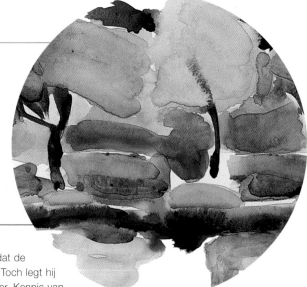

Thirza brengt de verf snel aan, zodat haar emoties en intuïtie het proces beïnvloeden en haar liefde en vreugde voor het beeld worden vastgelegd.

techniek

Schilderen met gevoel

'Recht uit het hart schilderen' betekent vaak dat de schilder aangeleerde regels moet laten varen. Toch legt hij of zij de ervaring nooit helemaal naast zich neer. Kennis van kleuren, evenwicht en compositie, evenals het gevoel van de schilder ten opzichte van het tafereel en de beweging van de verf en het penseel op het papier, dragen samen bij aan de totstandkoming van het werk.

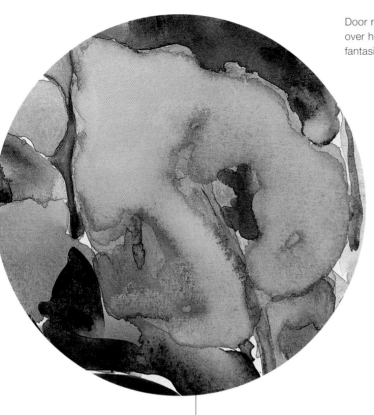

Door nat-in-nat te werken, laat Thirza de kleuren over het papier vloeien en vermengen, waardoor fantasievolle vormen en frisse kleuren ontstaan.

"Voor mij is het cruciaal dat de beschouwer de persoon achter het werk voelt."

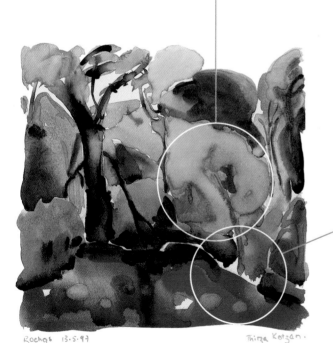

Rochas 13·5·97

Thirza Kotzan.

De witte ruimten tussen de gekleurde gebieden geven het schilderij lucht en voorkomen dat de sterke kleuren die Thirza gebruikt te overweldigend worden.

LANDSCHAPPEN AQUAREL

"Het regenwoud, kronkelend en dicht, is prachtig sereen, maar heeft tegelijkertijd iets dreigends. Ik heb een maand geschilderd vanuit een veldpost in het Iwokrama-regenwoud bij de rivier de Essiquibo in Guyana. Een jaar eerder had ik hier al een maand doorgebracht en ik moest terug. Hier kun je werken zonder een mens in de buurt, terwijl het er krioelt van het leven."

"Op een dag liet ik me stroomopwaarts brengen naar deze vredige plek, omgeven door torenhoge bomen en de geluiden van ara's en brul-apen. Toen de schemer viel, kwam de schipper me weer halen. Dit gebied is ongerept, het zand is rood en een reuzenschildpad was tegen de oever geklommen om een gat te graven voor haar eieren."

Het Iwokrama-regenwoud, Amazonegebied **door Shirley Felts** aquarelverf op papier **46 x 56 cm.**

Compositie

"Ik zoek zorgvuldig naar een gezichtspunt en de best compositie, maar daarnaast verander ik ook dingen aan wat ik zie. Ik schilder wat me boeit, maar ik ga daar wel naar op zoek." Omgeven door de ruige schoonheid van een regenwoud nam Shirley toch de moeite om te zoeken naar het beste gezichtspunt. Uiteindelijk koos ze een kleine open plek waar door de bomen licht op de warme rode aarde viel. Deze open plek is belangrijk in het schilderij, want zonder onderbreking in de begroeiing zou het geen echt brandpunt hebben en zouden de ogen geen rustpunt vinden naast de drukke beweging van het gebladerte. "Het moeilijkste –en ook het mooiste– van het schilderen in het regenwoud was de overvloed en verwarring."

"Ik concentreer me op één ding en pas de rest van het beeld daarbij aan."

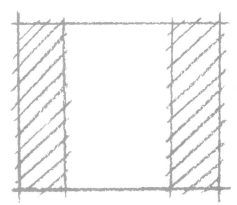

Door de uitbundige begroeiing aan de zijkanten houdt Shirley onze blik vast door die als het ware in te sluiten.

De rust van het beeld wordt verhoogd door de symmetrie van de compositie – niet alleen de bomen aan weerszijden lijken op elkaar; het stuk blauwe lucht wordt weerspiegeld door de open plek onder aan het schilderij.

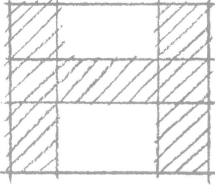

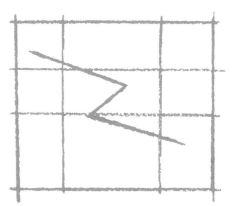

Onze blik wordt langs de diagonale vallei het schilderij ingetrokken en valt dan op de grote palm bijna in het midden, waarvan de vorm weer terugkomt in de bladeren op de voorgrond. Het schilderij houdt zo onze belangstelling vast door onze ogen rond te laten gaan.

gulden regel

Symmetrie

Een symmetrische compositie levert een harmonieus, evenwichtig en daardoor kalm beeld op, maar voor deze opstelling moet weloverwogen gekozen worden, want als de voorstelling te symmetrisch is, kan hij statisch en saai worden. Shirley heeft dit potentiële probleem ondervangen door voor een niet geheel symmetrische compositie te kiezen. De stukken lucht en land komen niet precies overeen, en de begroeiing aan weerszijden is gevarieerd en boeiend.

Kleur

Het schilderen van dicht kreupelhout is lastig, omdat het moeilijk is de groene massa vorm te geven. Shirley slaagt hierin door lichte kleuren over donkere en donkere over lichtere kleuren aan te brengen. Deze methode staat bekend als contrapunt. Soms laat ze het wit van het papier zichtbaar, waardoor een glinsterend licht ontstaat. Op andere plaatsen brengt ze donkere, inktachtige groenen aan over lichtere, warmere groenen. Warme kleuren komen naar voren, terwijl koele kleuren wijken. Shirley schilderde de bladeren op de voorgrond met een groen dat ze warmer maakte met wat geel of sienna gebrand. De achtergrond maakte ze koeler met wat ultramarijn – of het er echt zo uitzag is niet belangrijk.

Het schilderspalet

Shirley gebruikt een beperkt palet, met veel sapgroen, ultramarijn, alizarine karmijn en sienna gebrand.

cadmiumgeel

vermiljoen

alizarine karmijn

ultramarijn

sienna gebrand

sapgroen

sapgroen   ultramarijn

sapgroen   cadmiumgeel

sienna gebrand   alizarine karmijn

feiten

Variaties op tinten

In een schilderij als dit zijn variaties op kleuren bijzonder
belangrijk, omdat ze diepte suggereren en een levendig, interessant effect creëren. Over het algemeen geldt: hoe verder
weg, hoe lichter, maar in het geval van het kreupelhout zijn het
juist de donkere tinten die diepte geven.

Werkwijze

Shirley schildert op de traditionele manier nat-over-droog. Ze laat een wassing eerst helemaal drogen, voordat ze verder schildert – in de intense hitte van het tropisch regenwoud kan het bijna niet anders. Voor het kreupelhout werkte ze echter nat-in-nat om een nevelig licht te creëren. Shirley gebruikte een marterharen Winsor & Newton penseel, nr. 4 serie 7. Met het uiterste puntje bracht ze de details aan, bijvoorbeeld de smalle palmboombladeren, en voor het schilderen van grotere vlakken, zoals de lucht en de grond, drukte ze harder op het penseel.

techniek

Nat-in-nat werken

Hiermee bedoelen we het aanbrengen van natte verf over natte verf. Dit geeft prachtige, zachte, gewassen kleuren die doorlopen, mengen, uitbreiden en vervagen, en waardoor allerlei wazige effecten bereikt kunnen worden en fantastische, nieuwe kleuren ontstaan. Het resultaat is van tevoren niet te voorspellen en hoewel dit juist een deel van de charme uitmaakt, is het beter deze techniek niet te veel te gebruiken, omdat het schilderij daardoor vormeloos wordt. Vanwege de grote hoeveelheid water die gebruikt wordt, moet het papier opgespannen worden – tenzij het erg dik is. Shirley gebruikte heel zwaar NOT Arches-papier.

Bij het opbouwen van de kleuren door wassingen nat-over-droog aan te brengen, zorgt Shirley ervoor dat ze het schilderij niet te veel bewerkt. Op sommige plekken is er weinig kleur, terwijl op andere plekken meerdere wassingen in dezelfde tint diepte en variatie geven.

Op sommige plaatsen laat Shirley het wit van het papier zichtbaar, om zo het licht dat op de bladeren en stammen danst te vangen.

Een beetje nat-over-nat suggereert het wazige licht dat door de bladeren valt.

Door het groen van de bladeren op de voorgrond met een beetje geel warmer te maken, haalt ze het naar voren. Hierdoor wijken de koelere kleuren op de achtergrond.

LANDSCHAPPEN AQUAREL

Salliann Putman is geïnteresseerd in "het patroon, de textuur en de kleur van het landschap" en deze elementen, tezamen met haar gevoelsmatige reactie op het landschap, onderzoekt ze in haar schilderijen. Ze is in wezen een intuïtieve schilder. Als ze begint te schilderen "gebeurt het gewoon". Ze weet uit ervaring dat wanneer ze te bewust bepaalde kwaliteiten najaagt "het werk statisch en doods wordt". Haar werk is, zoals bij de meeste goede kunstenaars, altijd in ontwikkeling, "dus wat ik er vandaag over zeg, kan morgen achterhaald zijn; ik probeer altijd om alle mogelijkheden open te houden".

Avondlicht, Toscane is onderdeel van een serie schilderijen naar aanleiding van een reis naar Toscane. "Het landschap was zeer inspirerend. Aan het eind van de eerste dag, toen het daglicht bijna weg was, vond ik mijn onderwerp. Mijn aandacht werd getrokken door een bundel licht van de laatste zonnestralen. Alle andere vormen vielen erbij in het niet. Ik heb een aantal *Avondlicht*-schilderijen gemaakt. Soms smolten de vormen bijna weg in diepe, dichte kleuren."

Avondlicht, Toscane door Salliann Putman ARWS aquarelverf en gouach **25,5 x 25,5 cm.**

Compositie

Salliann plaatst in haar schilderijen de horizon vaak heel hoog, zoals in dit voorbeeld. Ze schrijft dit toe aan haar jeugd in Londen zodat ze zich, zoals veel stadsmensen, ongemakkelijk voelt in grote, wijdse ruimten. Haar hoge horizon geeft het gevoel omringd te zijn door de hoge kantoren en andere gebouwen.

"Ik ben eerder een intuïtieve dan een intellectuele schilder."

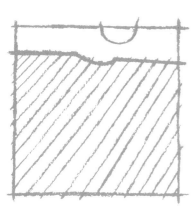

De meeste landschapschilders plaatsen de horizon op een van de horizontale lijnen uit de regel van de driedeling. Ervaren kunstenaars wijken vaak af van deze regel (en andere regels) om een opvallend effect te creëren. Op dit schilderij ligt de horizon op een zevende van boven naar beneden, waardoor maar een streepje lucht te zien is; zelfs de ondergaande zon is aan de bovenkant afgesneden. Dit draagt bij aan het gevoel van omringd zijn en stuurt de ogen omlaag naar het landschap.

De donkere lucht lijkt omlaag te drukken op het schilderij en de halfdonkere en donkere tinten aan de zijkanten drukken naar binnen, waardoor de bundel licht opgesloten zit in het midden. De stevige verticale vormen van de bomen links en de gedeeltelijk gemaaide velden rechts sturen de beschouwer steeds terug naar het brandpunt van het beeld –het laatste licht– in het midden.

gulden regel

Harmonie in kleurenschakeringen

Salliann gebruikt kleuren als hulpmiddel om onze aandacht te vestigen op het hart van haar schilderij. Het vangen van variaties op tinten en kleuren is van fundamenteel belang, vooral als de nadruk ligt op het patroon van het landschap. Een zwart-witfoto laat zien hoe belangrijk deze variaties op een kleur zijn. Kijk met halfgesloten ogen en ontdek de verschillend getinte gebieden in een schilderij. Wat in eerste instantie subtiele kleurverschillen lijken, worden nu duidelijk afgebakende gebieden. Dit is een goed hulpmiddel bij tekenen en schilderen – of het onderwerp nu een landschap of iets anders is.

Kleur

"Kleuren zijn ontzettend belangrijk voor me en in mijn atelier ben ik vrij ze te combineren en te verwisselen zoals ik dat wil." Sallianns kleurenpalet is afhankelijk van wat haar gevoelens en haar onderwerp haar ingeven. In dit schilderij gebruikt ze aardekleuren, alzarinen en tinten blauw. Ze gebruikt hier Chineeswit bij transparante aquarelverf om die meer body te geven.

Het schilderspalet

Voor dit schilderij bevatte Sallianns palet alizarine bruin, sienna naturel, okergeel, lichtrood, indigo, citroengeel, ceruleumblauw en Chineeswit. Het is duidelijk dat Salliann aanvoelde dat aardetinten geschikt waren voor dit onderwerp. Haar lichtere blauw, ceruleum, is een levendige keus. De groenachtige tint is ideaal voor een mediterrane lucht of zee en gemengd geeft hij een helderder effect dan bijvoorbeeld ultramarijn. Indigo is een diep, inktachtig blauw, de kleur van een nachtelijke hemel. Haar enige rood, lichtrood, is een betrouwbaar aardeachtig rood – veel tinten rood kunnen ernstig verkleuren, maar deze niet.

"Kleur is voor mij gevoel; elk schilderij is anders."

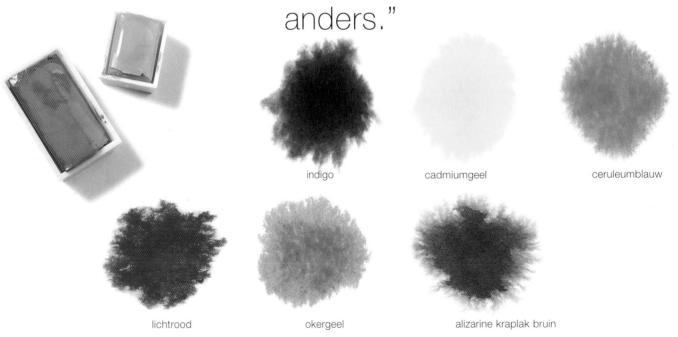

indigo

cadmiumgeel

ceruleumblauw

lichtrood

okergeel

alizarine kraplak bruin

Sallianns keuze heeft weinig van doen met de kleuren van de natuur. "Mijn keuze stemt vaak niet overeen met de werkelijke kleur; soms kies ik een kleur omdat die bijdraagt aan de stemming van het onderwerp, soms is het een antwoord op de behoefte van het schilderij." In dit schilderij koos ze een diep rood voor de hemel, ten dele omdat het landschap leek te verdwijnen in het laatste rode licht van de zon, maar ook omdat ze de hele dag in de zon had geschilderd en ze het heel warm had. "Rood voor de lucht voelde precies goed." Het oker kwam voort uit haar observaties, "maar de plaatsing ervan gebeurde gewoon".

Aardekleuren

Aardekleuren zijn minerale pigmenten uit klei, steen en aarde. De meeste zijn goed dekkend. Deze oorspronkelijke kleuren werden duizenden jaren geleden al gebruikt voor grotschilderingen. De pigmenten hebben een natuurlijke schoonheid en een warme, natuurlijke tint, ze zijn gemakkelijk verkrijgbaar en relatief goedkoop. Onder de aardetinten vallen de tinten oker, verkregen uit door ijzeroxide getinte aarde; de tinten omber, bestaande uit donkere natuurlijke klei; bruine aarde zoals Van Dijckbruin en Casselaarde, die zijn kleur ontleent aan ontbindend organisch materiaal; en groene aarde, een zacht, licht, maar zwak groen dat voortkomt uit groene klei. Sommige van deze pigmenten kunnen worden verhit om het ijzer te veranderen en de kleur te verrijken, bijvoorbeeld Venetiaans rood, sienna gebrand en omber gebrand.

indigo   cadmiumgeel

lichtrood   cadmiumgeel citroen

feiten

Kleur en emotie

Iedereen die met kleuren werkt –van kunstenaar, ontwerper tot binnenhuisarchitect–, weet dat kleuren emoties oproepen. Tot op zekere hoogte is ieders reactie persoonlijk en gebaseerd op eerdere associaties. Maar in het algemeen ervaren mensen blauw en groen als kalmerend, violet als bedachtzaam, geel als energiek en rood als warm, krachtig of zelfs agressief. Gedempte kleuren zijn gecompliceerder, maar wekken meestal rustiger emoties op.

Werkwijze

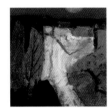

Salliann maakt buiten het liefst snelle studies of tekeningen, en gaat dan terug naar haar atelier waar ze de verschillende elementen die haar inspireerden vrij kan interpreteren. In het atelier kan ze opnieuw beginnen en precies zo werken als ze wil. Buiten schilderen werkt heel inspirerend, maar "het voortdurende kijken is uitputtend" (in de woorden van de grote Franse schilder Pierre Bonnard), en ze voelt zich "zwak tegenover de natuur".

Sallian combineert graag materialen. Zo maakt ze gebruik van het transparante van aquarel en het dekkende van gouache, omdat dit "het vocabulaire van het medium vergroot". Ze verwerkte ook een collage van geschilderd papier in dit schilderij, voor de twee bomen links, om de textuur, die hoofdzakelijk is opgebouwd uit transparante lagen aquarel en gestructureerde gedeelten gouache, interessanter te maken. Salliann is er meestal niet op uit om textuur aan te brengen, maar hier "klopte het gewoon met wat ik probeerde te zeggen over het onderwerp. Meestal vertrouw ik op het penseel, maar als het nodig is, gebruik ik ook andere middelen om het oppervlak interessanter te maken. Ik heb geen standaardmethode om effect te bereiken."

Sallian gebruikt verschillende soorten penselen – van marterhaar, varkenshaar en gemengde vezels. "Uiteindelijk is elk penseel geschikt." Ze werkt snel, "in mijn natuurlijke tempo. Als ik mezelf dwing langzamer te werken om na te denken mislukt het schilderij vaak."

techniek

Substantie

Kunstenaars voegen vaak een beetje zeep of Arabische gom toe aan hun verf om hem extra textuur te geven. Beide geven de verf meer substantie, waardoor de penseelstreken beter zichtbaar worden. Zeep vormt vaak kleine belletjes die opdrogen als ringen of stippels die het goed doen bij het schilderen van stenen of gebladerte. Arabische gom droogt glanzend op, wat kleuren verlevendigt en intensiveert.

"Ik gebruik alle middelen die voorhanden zijn om te bereiken wat ik wil met een schilderij."

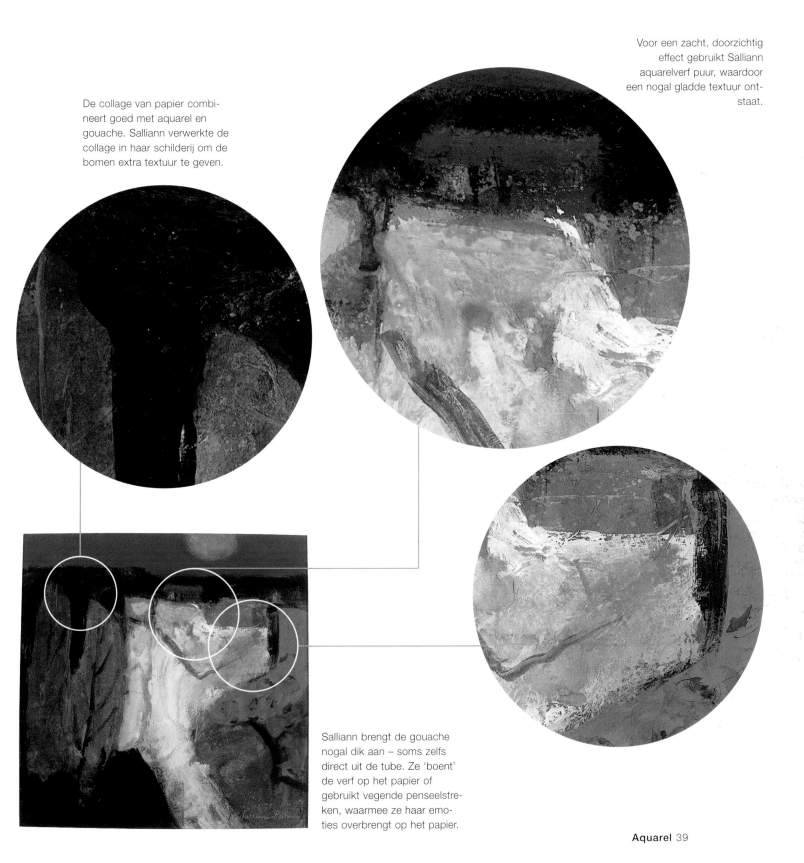

De collage van papier combineert goed met aquarel en gouache. Salliann verwerkte de collage in haar schilderij om de bomen extra textuur te geven.

Voor een zacht, doorzichtig effect gebruikt Salliann aquarelverf puur, waardoor een nogal gladde textuur ontstaat.

Salliann brengt de gouache nogal dik aan – soms zelfs direct uit de tube. Ze 'boent' de verf op het papier of gebruikt vegende penseelstreken, waarmee ze haar emoties overbrengt op het papier.

Aquarel 39

LANDSCHAPPEN AQUAREL

"Ik kwam op weg naar Rome door Abruzzo waar ik de bergen in wilde trekken. Zonder auto kwam ik echter niet ver, dus ik zat vast in een logement aan een meer. Gelukkig was er een kleine stad in de heuvels op een paar kilometer afstand. Ik was meteen verliefd op de steile, smalle straatjes, de geur van vochtige stenen en de geraniums voor de ramen. Ik heb hier een dag geschilderd, net beneden het stadje, zittend op een stoel die een mevrouw uit de omgeving me bracht. Ik was net klaar toen de lucht donker werd en het begon te regenen."

Bomba, Abruzzo door Katy Ellis aquarelverf op papier **30 x 38 cm.**

20.AUG'97
BOMBA,   ABRUZZO.
THUNDER / CLOUDS OVER-
HEAD + FRESH MOUNTAIN
AIR.   KEN OWS.

Compositie

Katy nam de tijd om te zoeken naar een gezichtspunt dat haar het best in staat zou stellen om enerzijds het karakter van het stadje te onthullen en anderzijds een evenwichtig beeld te scheppen. Vanaf dit punt lijkt het of de huizen langs de smalle, steile straatjes boven op elkaar zijn gebouwd. "Ik liep helemaal rond om een goed gezichtspunt te vinden, voordat ik besloot dat dit het meest dramatische was. Van onderaf gezien, met de bergen op de achtergrond, zag het er zeer indrukwekkend uit."

Katy plaatste het brandpunt –de kerktoren– ruwwe   op een derde van de breedte aan de linkerk   t. Deze positie wordt als de prettigste in een   ilderij beschouwd.

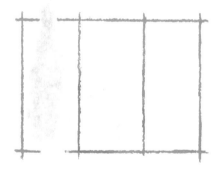

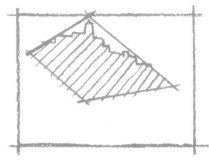

De dramatische diagonaal van de helling aan de rechterkant, dicht bedekt met huizen, trekt de blik omhoog naar de kerktorenspits. De glooiing links trekt ook, maar rustiger, de aandacht. Zelfs de boomstammen op de voorgrond lijken naar de toren te wijzen.

De stad vult het papier zodat hij uit zijn voegen lijkt te barsten. De torenspits en de randen van de stad reiken naar de grenzen van hun domein. Hierdoor lijkt de stad veel imposanter dan wanneer Katy meer van de achtergrond in haar schilderij had opgenomen.

gulden regel

Schrappen voor een dramatisch effect

Katy's stad vult de beschikbare ruimte precies. Hiermee toont zij aan dat "wat je weglaat net zo belangrijk is als dat wat je weergeeft". Het daadwerkelijk weglaten van een deel van een onderwerp geeft soms zelfs meer impact, levendigheid en beweging aan een schilderij. Deze techniek werd onder meer veel gebruikt door de impressionist Edgar Degas (1834-1917) en door Claude Monet (1840-1926). Zij kan een tafereel meer intimiteit geven of het onderwerp zo krachtig en indrukwekkend maken, dat het als het ware buiten het gezichtsveld van de beschouwer valt.

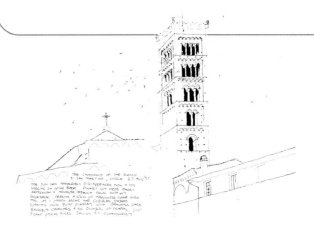

Katy's schetsboek is net een dagboek. Bij haar schetsen beschrijft ze de atmosfeer, haar stemming, wat ze deed op dat moment en geeft ze soms een beschrijving van de kleuren. Deze notities zijn zeer waardevol, omdat ze haar de sfeer van een plaats en haar reactie daarop helpen herinneren.

alizarine karmijn   cadmiumrood   sapgroen   ultramarijn

Kleur

Katy schildert veel onderweg, dus voor haar is het handig om een beperkt palet te gebruiken. Hierdoor hoeft ze niet te veel materiaal mee te sjouwen – hoewel ze soms een voorraad moet inslaan, omdat niet alles overal te koop is. Een ander voordeel van een beperkt palet is dat je daardoor de kleuren goed leert kennen en geen tijd verspilt met het mengen van een bepaalde tint met onbekende kleuren.

Katy gebruikt een nr. 4 serie 7 marterharen penseel van Winsor & Newton en Saunders aquarelpapier. Ze vervoert haar schilderijen en tekeningen in een grote plastic koker en bewaart haar verf, penselen, pennen en houtskool in een lichtgewicht tas.

Het schilderspalet
Katy geeft de voorkeur aan lichte kleuren. Ze gebruikt vaak sepia, sapgroen, cadmiumgeel, cadmiumrood, alizarine karmijn en ultramarijn. Sepia en ultramarijn zijn de donkerste kleuren, zodat er geen harde accenten in haar schilderijen voorkomen. Van haar twee kleuren rood is de een warm en dekkend en de ander koel en transparant, waardoor ze optimaal kan variëren. De dag voor ze haar schilderij maakte, regende het, zodat de kleuren –en geuren– intenser waren dan anders. Katy bracht gewassen kleuren over elkaar aan om de benodigde diepte te verkrijgen.

ultramarijn   cadmiumgeel

feiten

Kleuren, tonen, tinten en diepsels
Hoewel deze termen vaak zonder onderscheid gebruikt worden als synoniemen voor 'kleur', hebben ze allemaal een eigen betekenis. Met toon wordt bedoeld hoe licht of donker een kleur is, bijvoorbeeld hoe hij er op een zwartwitfoto zou uitzien. Een tint is een kleur die lichter gemaakt is, terwijl een diepsel een kleur is die donkerder gemaakt is. Beide termen refereren dus aan de toon van een kleur.

alizarine karmijn   ultramarijn

sepia   cadmiumgeel

sepia

cadmiumgeel

Cadmiumgeel

Er zijn veel verschillende soorten cadmiumgeel en ze zijn allemaal uitstekend te gebruiken als ze van een goed merk zijn. Cadmiumgeel licht is sterk, helder, schoon, dekkend en lichtecht, behalve in vochtige omstandigheden. De donkere versies –cadmiumgeel en cadmiumgeel donker– hebben dezelfde uitstekende eigenschappen, omdat ze allemaal van dezelfde pigmenten gemaakt zijn. Dit geldt ook voor cadmiumgeel citroen, een koelere, groenere versie. Zoek naar pigment PY35 of PY37 om er zeker van te zijn dat het om onvervalst cadmiumgeel gaat. Cadmium is giftig, maar als u niet de gewoonte hebt op uw penselen te zuigen om ze in de gewenste vorm te brengen, hoeft dit geen probleem te zijn.

"Probeer, als u buiten schildert, te vergeten wat u ziet: een boom, een huis, een grasveld ... Denk alleen maar: hier is een blauw vierkantje, hier een roze ovaal, hier wat geel en schilder het tafereel precies zoals het er voor u uitziet."

(Claude Monet)

Werkwijze

Wanneer Katy buiten werkt, kan ze vanwege beperkingen in het materiaal (soms zelfs water) niet alle mogelijke technieken gebruiken – nog afgezien van andere ongemakken van buiten schilderen, zoals wind, hitte of regen. Katy slaagt er echter toch in verschillende technieken in haar schilderijen te gebruiken, zoals schilderen met een droge penseel en het werken met veel water en kleur.

techniek

Nat-over-droog

Deze term betekent niet simpelweg dat natte op droge verf wordt aangebracht. Hij refereert aan de klassieke aquareltechniek van het schilderen in lagen, waarbij gewacht wordt tot de eerste wassing is opgedroogd voor de volgende wordt aangebracht. Op deze manier worden geleidelijk donkere gebieden opgebouwd. De schilder moet echter wel aanvoelen wanneer hij moet stoppen, door te veel lagen verf aan te brengen worden de kleuren saai en verdwijnt het wit van het papier.

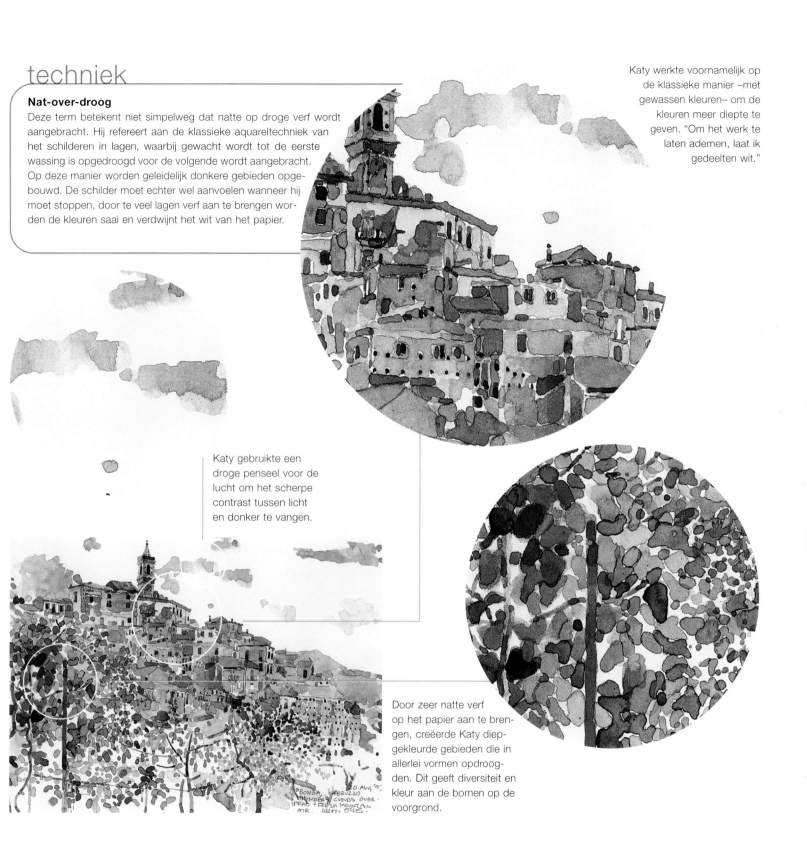

Katy werkte voornamelijk op de klassieke manier –met gewassen kleuren– om de kleuren meer diepte te geven. "Om het werk te laten ademen, laat ik gedeelten wit."

Katy gebruikte een droge penseel voor de lucht om het scherpe contrast tussen licht en donker te vangen.

Door zeer natte verf op het papier aan te brengen, creëerde Katy diepgekleurde gebieden die in allerlei vormen opdroogden. Dit geeft diversiteit en kleur aan de bomen op de voorgrond.

LANDSCHAPPEN
GOUACHE

"Mijn werk gaat over zintuigen –
geen zinsbegoocheling, maar zinspeling."

Dit is een schilderij over de lente. "Een heldere, winderige dag, de kleuren zijn intenser dan ooit, je knijpt de ogen een beetje dicht tegen het verblindende licht en bemerkt dat het warmere weer nieuw leven opwekt."

Vroege bloei is geen precieze weergave van een bepaalde plaats. Het is eerder een emotionele en visuele interpretatie van het landschap, het licht en de kleuren op een lentedag in Pennines waar Stephen tegewoordig woont. Zoals hij zegt: "Ik ben er niet op uit om een bepaalde plaats precies weer te geven. Ik gebruik een plek of een visie op een plaats en vooral het weer, het licht en de kleuren als uitgangspunt om te zinspelen op andere kwaliteiten."

Vroege bloei door **Stephen Court** gouache op paper **33 x 43,7 cm.**

Compositie

Deze compositie is gebaseerd op een denkbeeldig gezichtspunt vanaf een verhoging. We kijken uit over een vallei naar oprijzende heuvels gelijk aan of hoger dan de hoogte van het gezichtspunt. "In het gebied waar ik nu woon, de Pennines, komen dit soort hooglanden veel voor. Eenderde lucht tegenover tweederde land paste het best bij de manier waarop ik het landschap wilde schilderen."

Stephen creëert zijn composites door de integratie van kleur en textuur, waarbij hij warme (naderende) en koele (wijkende) kleuren tegen elkaar uitspeelt, evenals gladde lagen verf tegen verf met meer textuur. Hij relateert dit sterk aan muziek waarin "de texturen en kleurenrelaties het patroon van de melodie bepalen en de massa de akkoorden en thema's maakt."

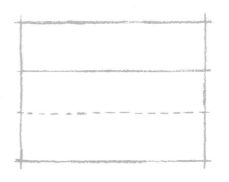

Stephen heeft zijn horizon op ongeveer een derde van boven geplaatst. Hierdoor heeft hij genoeg plaats om het gevoel van ruimte weer te geven dat je ziet en voelt wanneer je over een vallei uitkijkt naar de heuvels aan de overkant.

De felle citroengele verf is zo aangebracht dat het oog voortdurend naar de horizon terugkeert. Dit komt doordat deze kleur licht maar breed is gebruikt op de voorgrond en intenser wordt op de horizon. Ook de spetters in de lucht lijken de ogen weer omlaag naar de horizon te duwen.

gulden regel

Neem de beschouwer mee

Als uw schilderij tussen talrijke andere werken in een galerie hangt, moet u iets doen om er de aandacht op te vestigen. Dit kan bewust gedaan worden, maar veel schilders doen het instinctief. Stephen gebruikt kleuren om de beschouwer zijn schilderij 'in te trekken' – een techniek die goed werkt. U kunt een overvloed aan kleur gebruiken, zoals Stephen doet, of juist spaarzaam zijn met kleur. Hetzelfde kunt u doen met lijnen, paden, poorten of de omtrek van een heuvelrug kunnen de aandacht van de beschouwer vangen. Omlijstingen van bosjes of bomen aan de zijkanten houden de blik ook vast. Als u natuurgetrouw schildert, gaat u eenvoudigweg op zoek naar een plekje met een van bovengenoemde kenmerken.

"Een werk ontstaat uit weinig meer dan een wens om iets uit te proberen."

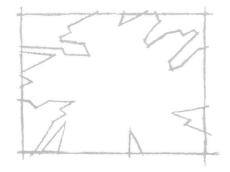

Terwijl de gele verf ons naar de heuvels aan de overkant brengt, lijkt het of het groen en blauw (wijkende kleuren) van de vallei boven en onder wegvallen. Hierdoor krijgen we het gevoel alsof we over een kloof vliegen of dat we het schilderij worden ingetrokken.

De foto die Stephen gebruikte als ondersteuning, maakte hij vanuit een zweefvliegtuig.

Kleur

Voor Stephen zijn kleuren onlosmakelijk verbonden met de compositie. Hij begint zijn schilderijen met kleur in plaats van de traditionele potloodschets. "Hierdoor ontstaat het beeld uit een spel of dans van wassingen, groepen en stukken kleur. Deze kleurgebieden worden vervolgens omgesmeed, verfijnd, geduwd, getrokken en uitgewerkt tot het uiteindelijke schilderij." Tijdens het schilderen, houdt Stephen de dingen die hij wil behandelen voortdurend in gedachten, waardoor "het werk als het ware voortgedreven wordt".

Het schilderspalet

In dit palet gebruikte Stephen een zeer beperkt aantal kleuren. Hij koos kunstenaarsgouache van Daler Rowney en Windsor & Newton. "Dit is een van de veelzijdigste en handigste verven onder de verfsoorten op waterbasis." Hij wijst op de grote dekkingskracht en het relatief hoge pigmentgehalte "dat fijn genoeg gemalen is om wassingen en tinten te verkrijgen". Door de verdunde verf te mengen met Arabische gom "kan een weelderige en stralende kwaliteit ontstaan die doet denken aan een dun laagje inkt". Als gouache hard en stroperig gebruikt wordt, kan hij "met nylon of metalen spatels en droge kwast bewerkt worden". Hiermee dringt Stephen de verf "in het oppervlak met een geliefde oude varkensharen kwast (12 cm) en een spatel of lap".

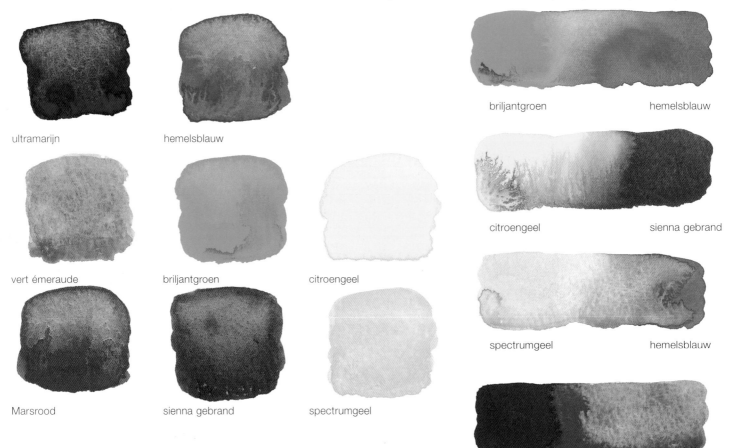

ultramarijn

hemelsblauw

vert émeraude

briljantgroen

citroengeel

Marsrood

sienna gebrand

spectrumgeel

briljantgroen   hemelsblauw

citroengeel   sienna gebrand

spectrumgeel   hemelsblauw

ultramarijn   vert émeraude

Duurzaamheid van kleuren

Sommige gouache- en aquarelverven zijn vatbaar voor verble-ken na weken of maanden of na een aantal jaren. Om zich ervan te verzekeren dat zijn schilderijen duurzaam blijven, zoekt Stephen, in de kleine serie verven die hij gebruikt, altijd naar de verzekering van de fabrikant van lichtechtheid. "Ik haal me geen ellende op de hals met onechte of semi-duurzame kleuren."

De duurzaamheid van een kleur hangt af van de pigment(en), de kwaliteit en het merk. Dat betekent dat je niet zomaar kunt aannemen dat een kleur met een bepaalde naam lichtecht is. Verschillende merken gebruiken misschien ver-schillende pigmenten voor dezelfde kleur. Kijk goed naar de informatie van de fabrikant om teleurstellingen te voorkomen.

Namen en merken

Wanneer een van uw favoriete kleuren op is en de winkel in kunstenaarsbenodigdheden uw vaste merk niet in huis heeft, kunt u er niet klakkeloos van uitgaan dat een ander merk ook wel goed zal zijn. Citroengeel van een ander merk kan beduidend lichter, war-mer of minder kleurecht zijn. Kijk daarom altijd naar het kleurindexcijfer op de tube. Meestal bevatten de artists' quality-verven betere pigmenten dan de goedkopere student quality-verven.

Over geel

De allereerste kleuren geel werden verkregen uit een serie natuurlijke, soms bizarre materia-len. Indischgeel, bijvoorbeeld, werd gemaakt van de geconcentreerde urine van koeien die slechts gevoerd werden met mangobladeren en geen water te drinken kregen. Guttegom kwam van het sap van bomen en was zeer gevoelig voor vervagen. Er was zelfs een geel afkomstig van galstenen. De tegenwoordig vervaardigde kleuren geel zijn in het algemeen betrouwbaarder, hoewel sommige, zoals gut-tegom, niet erg lichtecht zijn. Napels-, oker-en de cadmiumgeel zijn aanraders. Napelsgeel bevat lood, dus als alternatief kunt u hem zelf mengen. Voor een warme versie oppert Stephen een menging van ti-taanwit met een spatje lichtgeel en sienna gebrand; voor een koele versie voegt u een tikje hemelsblauw toe.

Stephen bracht gewassen tinten aan met een bunzingharen penseel en een sponsje.

Werkwijze

Stephen bereidt zich zowel fysiek als mentaal voor op een schilderij. "Het is prettig om alle materialen en gereedschappen te verzamelen en dan even diep in te ademen, het idee op te pakken en direct vormen en markeringen aan te brengen. Vervolgens ga ik de elementen van de compositie samenbrengen of uit elkaar halen zodat de ruimte optimaal benut wordt."

Voor dit schilderij gebruikte hij een bunzingharen penseel van 2 cm en een sponsje voor de gewassen tinten en om de verf mee te bewerken. Soms bracht hij vegen aan met de zijkant van zijn hand. Gewoonlijk brengt hij de verf nogal droog aan en gebruikt hij een geliefde oude 12 cm brede kwast van varkenshaar en een spatel of een lap, waarmee hij de verf "al trekkend en duwend vormt tot het uiteindelijke beeld".

In *Thuis oogsten* gebruikt Stephen gouache en fijngemalen pigmenten gemengd met PVA-lijm medium. Hij gebruikt redelijk grote penselen, de kleinste is een bunzingharen penseel van 2 cm. Hij veegt met zijn hand en smeert met een lap. Hij gebruikt ook spuitbussen autolak voor "atmosferen en het modelleren van ruimten in de compositie", een techniek die hij leerde van collega kunstenaar Denis Bowen.

Thuis oogsten door Stephen Court gouache en cellulose op papier **67 x 42,5 cm.**

"Een doek is een plek om te spelen en te experimenteren."

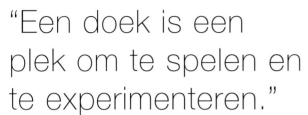

Op sommige plekken bracht Stephen de verf nogal dik aan, zodat hij die kon sturen met zijn varkensharen kwast en een spatel of lap.

techniek

Arabische gom

Gouache bevat reeds Arabische gom als bindmiddel, maar door er nog wat aan toe te voegen, kunt u met verf een effect bereiken als van een glacering met inkt. Arabische gom wordt in flesjes verkocht en kan met wat water worden gemengd met verf om die meer substantie te geven, minder vloeibaar te maken en een zachte glans te geven. Puur gebruikt kan de gom echter barsten veroorzaken. Arabische gom moet daarom altijd gemengd worden met een flink deel water – de ervaring leert hoeveel.

Met behulp van spuitbussen autolak creëerde Stephen mooie atmosferen.

"Mijn schilderijen zijn een samenstelling van verschillende elementen die ik gezien en in mij opgenomen heb en die het best de verhalende stroom van mijn ideeën uitdrukken. Ik vind echter dat de metaforische interpretatie nooit de belangrijkste functie van het werk moet worden. Ik vind het belangrijk dat mijn schilderijen in de eerste plaats de landschappen weergeven die mij inspireerden, op een overtuigende en ongedwongen manier. Het schilderij zal de andere betekenissen met het verstrijken van de tijd geleidelijk prijsgeven."

De bron van de rivier komt uit een serie schilderijen over de oneindige watercyclus – water stroomt van een beekje naar een rivier en de zee, verdampt, keert vervolgens terug naar de wolken en valt weer op de aarde in de vorm van regen. "Ik werd in eerste instantie geïnspireerd door een gedicht van Sorely Maclean, *The woods of Raasay* (zie hieronder). Het is een lang, breedvoerig gedicht, waarin het landschap wordt gebruikt als metafoor voor het leven in al zijn onzekerheid. In mijn schilderijen probeer ik ook het onvoorspelbare van het leven naast de zekerheid van de dood weer te geven."

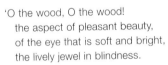

De bron van de rivier van Philip Braham olieverf op canvas **137 x 178 cm.**

'O the wood, O the wood!
  the aspect of pleasant beauty,
  of the eye that is soft and bright,
  the lively jewel in blindness.

The way of the sap is brown,
  oozing up to its work,
  the wine that is always new and living
unconscious, untaught.

There is no knowledge of the course
  of the crooked veering of the heart,
  and there is no knowledge of the damage
  to which its aim unwittingly comes.

There is no knowledge, no knowledge,
  of the final end of each pursuit,
  nor of the subtlety of the bends
  with which it loses its course.'

uit **The woods of Raasay** van Sorley MacLean

Compositie

"Een werk dat voornamelijk berust op wijkende, horizontale vlakten lijkt rustig. Kruisende diagonalen voeren de ogen over het werk." De twee schilderijen op deze bladzijden bevatten beide deze twee elementen: horizontale lijnen voor rust en verticale voor energie. Dit houdt de blik geïnteresseerd, maar het globale gevoel van kalmte maakt stille, diepe overpeinzingen mogelijk.

Philip negeert de traditionele regel van de driedeling. Over het midden van het doek trek hij een lijn van nevel, die als een sluier in de verte ligt. Hiermee creëert hij een mysterieuze sfeer. Deze gelijke verdeling symboliseert een dialoog tussen hemel en aarde, tussen spirituele en aardse zaken.

"De vruchtbare groene vallei tussen de rivieren vertegenwoordigt de overvloed van het leven."

"Het bos stelt het idee van gemeenschap voor; een groep die veiligheid en bescherming biedt. De dode bomen op de voorgrond wijzen ons op de kwetsbaarheid van afzondering."

Uiteenlopende wegen (zie blz. 62) staat direct in verband met Philips eerste studie in inkt (boven). Dit is niet altijd het geval (zie rechts).

Van deze studie verwerkte Philip de lichtinval door de wolken in zijn schilderij *De bron van de rivier*. Samen laten deze studies zien hoe een kunstenaar studietekeningen en schetsen kan gebruiken – direct of als uitgangspunt.

gulden regel

Luchtperspectief

Minuscule deeltjes stof en vocht in de lucht beïnvloeden hoe we kleuren waarnemen en leggen als het ware een sluier over het landschap. Kleuren lijken daardoor lichter, blauwer en minder contrasterend. Kunstenaars kunnen hun schilderijen meer diepte geven door dit effect na te bootsen. Dat kan door een blauwe gewassen toon over het voltooide werk aan te brengen. Een andere manier is om voor de verste gedeelten lichte, neutrale kleuren te gebruiken en voor de voorgrond intens heldere kleuren.

Kleur

Philip gebruikt bijna altijd hetzelfde palet, maar zijn schilderijen variëren van zacht en gedempt tot sterk en levendig. Ondanks deze verscheidenheid aan kleur herbergt zijn werk altijd een diepe spiritualiteit en een enorme helderheid. Zijn opmerkelijke gave om licht te vangen, is toe te schrijven aan zijn vaardigheid in het aanbrengen van kleuren. Hij gebruikt daarvoor complementaire kleuren. "Ik begin meestal met een wassing van een complementaire kleur van de uiteindelijke tint en ik laat daarvan iets doorschemeren in het voltooide werk. Dit laat de dominante kleur vibreren en draagt bij aan het licht dat essentieel is voor mijn werk."

vert émeraude   alizarine karmijn

vert émeraude   Pruisischblauw

alizarine karmijn   ultramarijn

Het schilderspalet

"Mijn palet is als volgt: titaanwit, Paynesgrijs, ultramarijn, Pruisischblauw, vert émeraude, groene aarde, omber naturel, sienna gebrand, Indischrood, sienna naturel, okergeel, cadmiumgeel, cadmiumoranje en alizarine karmijn. Ik gebruik artist's quality-verven van *Winsor & Newton* vanwege de duurzaamheid.

Uiteenlopende wegen **Philip Braham** olieverf op canvas **137 x 183 cm.**

"Ik gebruik kleuren om de benodigde gemoedstoestand over te brengen. Sommige schilderijen zijn schreeuwerig, terwijl andere bijna stil zijn."

Paynesgrijs

ultramarijn

Pruisischblauw

vert émeraude

groene aarde

omber naturel

sienna gebrand

Indischrood

sienna naturel

okergeel

cadmiumgeel

cadmiumoranje

alizarine karmijn

"Ik vermijd bewust het gebruik van trucs in mijn werk."

feiten

Complementaire kleuren over elkaar

Complementaire kleuren lijken intenser als ze naast elkaar worden gebruikt. Maar als u een tikje van een complementaire kleur met uw verf mengt, zult u de kleur afzwakken en een prettige neutraaltint verkrijgen. Bij het over elkaar aanbrengen van complementaire kleuren zijn beide factoren van kracht. Als de bovenste laag transparant is, mengen de kleuren tot een zachte neutrale tint. En als u dikkere verf onderbroken aanbrengt, zodat de onderkleur hier en daar onbedekt is, bereikt u een sprankelend effect.

Gebaren

Het gaat hier om het vangen van de essentie van iets –of uw reactie daarop– en niet om fotografisch realisme. Met grootse, zwiepende gebaren of ruwe, schrobbende bewegingen probeert de kunstenaar zijn onderwerp te herscheppen door zo min mogelijk penseel of pen en een maximum aan emotie te gebruiken. Deze methode is volkomen verschillend van Philips rustige, meditatieve, bijna liefkozende manier van werken.

Werkwijze

"Mijn werkwijze is heel direct – ik werk meteen in verf. Ik gebruik foto's als referentie, maar dan alleen van een contactvel, waarop de foto's het formaat van een postzegel hebben. Dat doe ik om te voorkomen dat ik verstrikt raak in het weergeven van de details van een beeld, terwijl ik de essentie wil vangen."

De foto's zijn om dezelfde reden zwart-wit. "Ik vermijd bewust het gebruik van trucs en weersta de verleiding om textuur of gebaren (zie boven) te gebruiken, omdat deze middelen vaak het bestaansrecht van een schilderij worden. Ik probeer waarheidsgetrouw en rustig te schilderen, en laat het werk op subtiele wijze zijn poëtische verhaal vertellen."

"Meestal duurt het een maand om een schilderij af te maken. Soms begin ik aan twee of drie schilderijen tegelijk, maar ik werk er altijd één af voordat ik verder ga met de andere. Ik merk dat de benodigde concentratie anders niet op te brengen is."

Het werk begint met "schetsen en fotograferen, maar vooral met denken". Philip is om de zoveel maanden op het platteland of aan de kust om onderzoek te doen en zijn geest te zuiveren. Hij neemt vaak boeken over poëzie en filosofie mee die hem inspireren. "Plotseling geeft het landschap om me heen me dan nieuwe ideeën en bevind ik me tussen de werelden van uiterlijke realiteit en innerlijke waarheid. Dat inzicht probeer ik vervolgens te vangen in mijn werk."

ILFORD XP2   8

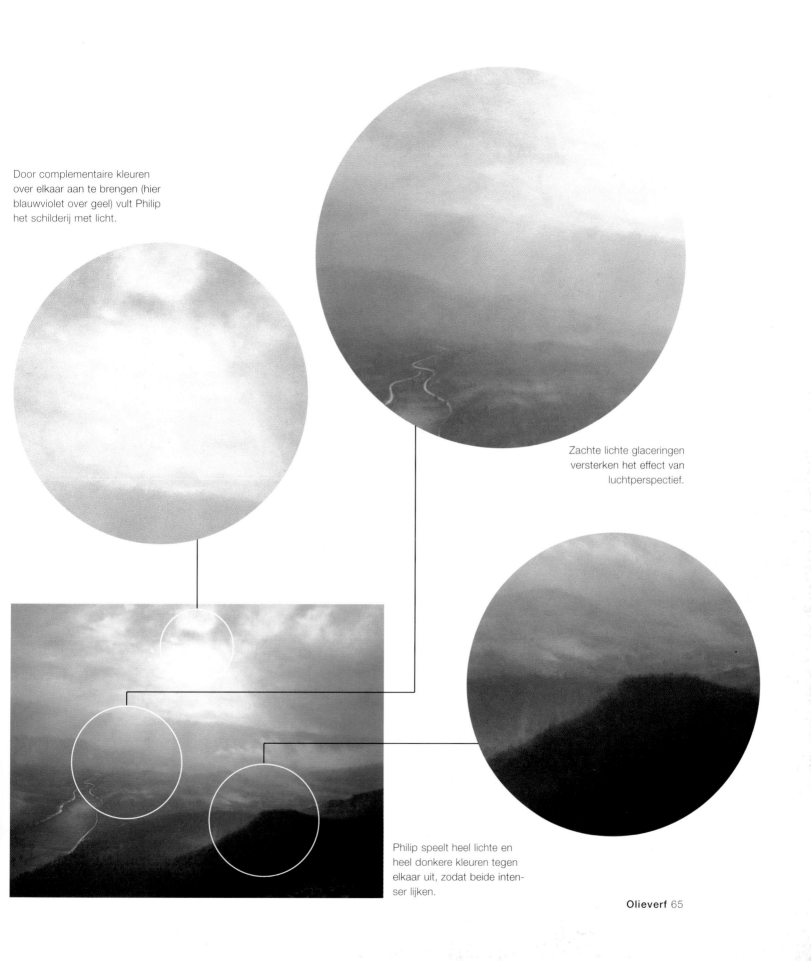

Door complementaire kleuren
over elkaar aan te brengen (hier
blauwviolet over geel) vult Philip
het schilderij met licht.

Zachte lichte glaceringen
versterken het effect van
luchtperspectief.

Philip speelt heel lichte en
heel donkere kleuren tegen
elkaar uit, zodat beide intenser lijken.

LANDSCHAPPEN OLIEVERF

In het werk van Hugh McNeil McIntyre is licht een constante factor – en dan vooral de subtiele kleuren die het creëert als het over het landschap schijnt. Op zijn reizen in Europa en Brazilië heeft Hugh de variaties tussen de verschillende soorten zonlicht in deze gebieden geobserveerd en weergeven op papier, waaronder de warme, ontspannen gloed van het Middellandse-Zeegebied, de koelere tonen van zijn thuisfront Schotland en het heldere, vaak scherpe Braziliaanse licht.

In dit schilderij heeft Hugh het goudkleurige licht van de zonsondergang boven de velden en heggen van de Drôme in Frankrijk proberen vast te leggen. De intensiteit van het avondlicht wordt verhoogd door het contrast met de lila schaduwen op de voorgrond waar het land al is ondergedompeld in de nacht.

Lavendelvelden, Reillanette **door Hugh McNeil McIntyre** olieverf op canva **81 x 81 cm.**

Compositie

Hugh heeft zich hier geconcentreerd op de oogstrelende kleuren van het over de velden spelende avondlicht. Het landschap neemt meer ruimte in beslag dan de lucht –ongeveer twee derde van het doek–, maar het goudkleurige licht dat de hemel en een deel van het landschap vult, neemt ook twee derde van het beeld in beslag. In het overgangsgebied in het midden komen het landschap en de lucht samen op het punt waar het zonlicht de bomen, heggen en aarde laat samensmelten met de zonsondergang.

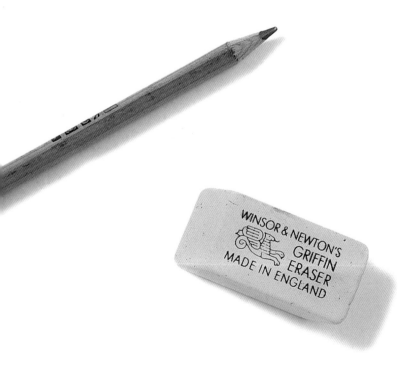

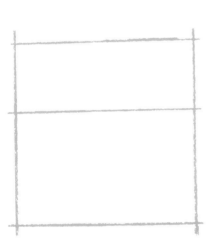

Hugh plaatst zijn horizon op ruwweg twee derde van het doek om het landschap meer nadruk te geven. Hierdoor vermijdt hij het nogal doodse effect dat een horizon in het midden vaak oplevert.

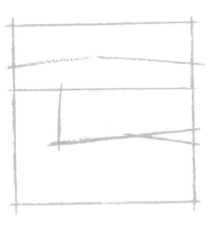

Hoewel de lucht slechts een derde van het doek beslaat, rijken de kleuren ervan over het landschap tot twee derde van het doek. Dit creëert een prettig evenwicht tussen lucht en landschap.

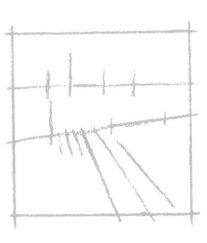

Hugh heeft zijn doek niet alleen horizontaal in drieën verdeeld, maar ook verticaal. Een van de grotere telegraafpalen linksboven staat op het kruispunt waar deze lijnen elkaar kruisen.

gulden regel

Het zoeken van een brandpunt

Uitgangspunt in elke compositie is de keuze van het hoofdonderwerp en de plaatsing ervan. In een vlak landschap, zoals hier, worden de ogen voortdurend naar de horizon getrokken, dus moet de schilder ervoor zorgen dat daar het brandpunt komt. Het is verleidelijk om de horizon recht over het midden van het doek te trekken – vermijd dat. De resultaten zijn meestal veel beter wanneer u hem iets boven of onder het midden plaatst, zodat het doek ongeveer in drieën verdeeld is.

Kleur

Hugh gebruikt kleuren om zijn schilderijen te vullen met licht. Door zijn kennis van complementaire kleuren slaagt hij erin de intensiteit van kleuren naar voren te halen. Hier bracht hij citroengeel zonlicht aan naast lila schaduwen en legde hij een nevel van ceruleumblauw over de oranje lucht, wat het schilderij een levendige, krachtige uitstraling geeft. De spatten oranje en bordeauxrood naast het groen verhogen de kleurintensiteit zonder dat het geheel overdreven wordt.

Het schilderspalet

"Ik meng meestal kleine beetjes kleur door mijn wit en andere kleuren, waardoor het schilderij een warme uitstraling krijgt. Meestal gebruik ik daarvoor Napelsgeel, cadmiumgeel, cadmiumoranje, sienna naturel en vleeskleur. Hiermee maak ik secundaire en tertiaire complementairen met phtaloblauw en sapgroen." Hugh gebruikt zinkwit en Winsor rood of cadmiumrood licht.

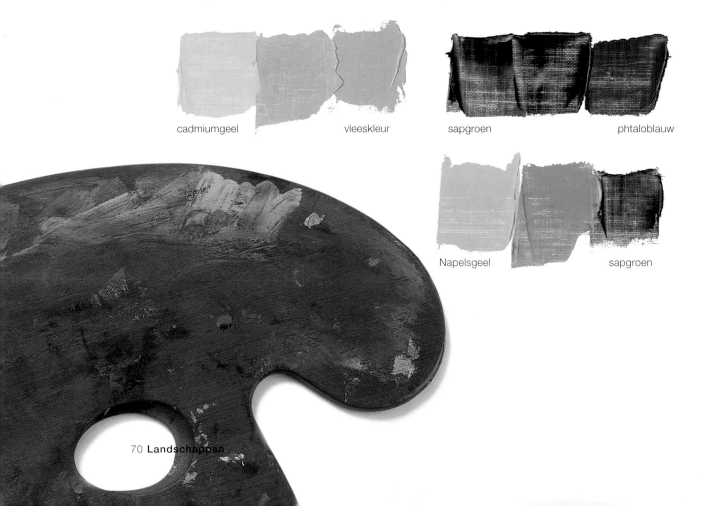

cadmiumgeel   vleeskleur

sapgroen   phtaloblauw

Napelsgeel   sapgroen

De kleurencirkel

De kleurencirkel omvat de drie primaire kleuren –rood, geel en blauw– en de secundaire kleuren daartussenin. (Deze primaire kunstschilderskleuren mogen niet worden verward met de drie primaire kleuren van licht die in de fotografie gebruikt worden – rood, geel en groen.) De kleurencirkel omvat achtereenvolgens rood, oranje, geel, groen, blauw en violet.

Een uitgebreide kleurencirkel

De primaire kleuren –de kleuren waarmee in principe alle andere kleuren gemengd kunnen worden– staan in een cirkel. Daartussen staan de secundaire kleuren, bestaande uit gelijke hoeveelheden primaire kleuren. Door een secundaire kleur te mengen met een gelijke hoeveelheid van de primaire kleur ernaast, krijgt u een tertiaire kleur. Dit proces kunt u voortzetten. Deze kleurencirkel is gemakkelijk te onthouden en te visualiseren.

feiten

Complementaire kleuren

Complementaire kleuren liggen tegenover elkaar in de kleurencirkel. Als u ze naast elkaar gebruikt, verhogen ze elkaars intensiteit en kracht. Plaats oranje naast blauw of rood naast groen en de kleuren spatten van het doek. Kunstenaars mengen vaak een tikje van de complementaire kleur in de schaduw van een object om saaie gebieden te verlevendigen en om de kleurintensiteit van het object te verhogen.

Napelsgeel

cadmiumgeel

vleeskleur

sapgroen

phtaloblauw

cadmiumrood

cadmiumrood licht

Winsor rood

Van dijckbruin

Werkwijze

Hugh brengt de verf op een geestdriftige manier aan en maakt daarbij gebruik van alle mogelijke soorten gereedschap. Hij gebruikt een goede kwaliteit verf, maar doordat zijn penselen en kwasten het zwaar te verduren hebben, koopt hij de goedkoopste die hij kan vinden in de supermarkt of rommelwinkel – de enige goede penselen die hij bezit, kreeg hij met Kerstmis of op zijn verjaardag.

"Ik breng verf aan met alles wat maar voorhanden is – mijn handen, oude handdoeken, kwasten…"

Hugh begint met platte penselen aan een opzet van de compositie. Dan brengt hij verf aan met een van de eerdergenoemde gereedschappen. Let op hoe hij op sommige stukken de verf nogal dik opsmeert, terwijl hij op andere plekken met lichte penseelstreken werkt of de verf afschraapt om slechts een spoor van kleur na te laten. De hierdoor verkregen verschillen in textuur maken het schilderij levendiger.

"Ik draai het doek vaak negentig of honderdtachtig graden om richtinggevend penseelwerk te voorkomen en een frisse kijk op het schilderij te houden. Ik werk met intense uitbarstingen, soms wel aan zeven doeken tegelijk. Zodra ik ga twijfelen hoe ik verder moet, haal ik het doek weg en vervang het door een ander. Hierdoor vermijd ik het overmatig bewerken van het doek. Ik houd zo een frisse kijk, zonder dat ik tijd verspil met wachten op inspiratie. Ik probeer altijd aan enkele totaal verschillende onderwerpen te werken. Wanneer ik dan van doek verwissel, is het altijd weer een nieuw begin: van een stadsgezicht tot een berglandschap of een haven, van ochtendlicht tot avondschemer, altijd anders, altijd nieuw. Ik werk in mijn atelier van tien uur 's avonds tot zes uur 's ochtends. Dan heb ik de rust om me te concentreren. De telefoon gaat niet en er komen geen vrienden langs voor een praatje. Als ik me bedenk wat Rembrandt, Turner of iedere andere grote schilder met elektrisch licht en centrale verwarming tot stand hadden kunnen brengen, word ik heel bescheiden."

techniek

Een goede compositie

In het beginstadium van een schilderij kan een kunstenaar zich laten meeslepen door het gebruik van kleuren, om even later te ontdekken dat de compositie gebrekkig is. Hij kan dan niets anders doen dan de verf van het doek vegen en opnieuw beginnen. Om dit te voorkomen beginnen ervaren kunstenaars altijd met weinig verf, zodat er gemakkelijk overheen geschilderd kan worden. Wanneer de compositie eenmaal staat, is er tijd om naar hartenlust textuur aan te brengen.

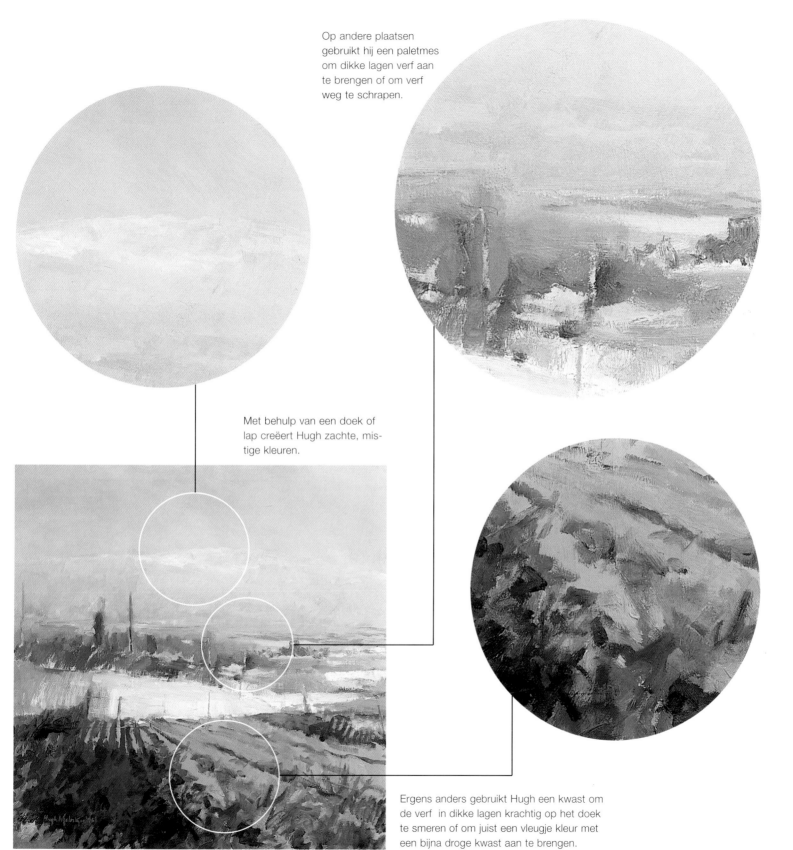

Op andere plaatsen gebruikt hij een paletmes om dikke lagen verf aan te brengen of om verf weg te schrapen.

Met behulp van een doek of lap creëert Hugh zachte, mistige kleuren.

Ergens anders gebruikt Hugh een kwast om de verf in dikke lagen krachtig op het doek te smeren of om juist een vleugje kleur met een bijna droge kwast aan te brengen.

"Ik werk regelmatig in Zuid-Frankrijk rond een klein dorpje, Vieussan, bij de rivier de Orb ten noorden van Béziers. Op een dag stond ik oog in oog met dit uitzicht toen ik op een heuvel was geklommen. Een klein gehucht omringd door een lappendeken van wijngaarden. Het was een heldere dag, de hemel was blauw en de kleuren waren zeer fel. Aan de overkant van de vallei hoorde ik geluiden van schreeuwende kinderen en zelfs het gerinkel met borden van mensen die buiten zaten te lunchen. Als ik nu naar het doek kijk, hoor ik nog steeds de geluiden en komt alles terug."

Blz. 75 **Wijngaarden in Bérlou** olieverf op canvas **61 x 61 cm.**
Links *Laurel* olieverf op canvas **41 x 41 cm.**

door Andrew Walker

Compositie

"Wanneer ik naar het landschap kijk, ben ik voortdurend bezig er stukjes natuur uit te pikken en schep ik de schilderijen al in mijn hoofd. Ik was meteen bijzonder geraakt door de lappendeken van gestreepte velden van *Wijngaarden in Bérlou*. De geometrische vormen zijn zeer geschikt voor het doorbreken van het beeldvlak en voor het bedrijven van het soort gebarend schilderen waar ik van houd."

Andrew werd in eerste instantie aangetrokken door de lappendeken van velden, dus plaatste hij die midden in het schilderij en duwde de bebouwing in de linkerbovenhoek. Zelfs in deze positie worden we naar de huizen getrokken, langs de lijnen van de wijnranken.

gulden regel

Houd de beschouwer geïnteresseerd

Een van de voorwaarden voor een goed schilderij is dat het de beschouwer voortdurend geïnteresseerd houdt. Het schilderij kan al jaren aan dezelfde muur hangen en toch staat de eigenaar nog steeds even stil om het te bekijken. Dit bereik je door de ogen van de beschouwer mee te voeren op een vrolijke dans over het doek, waarop genoeg te zien is. De velden op *De wijngaarden van Bérlou* met de rijen wijnranken in alle richtingen en de drukke activiteit van de gebouwen, om nog maar te zwijgen over de prachtige symfonie van kleuren, zorgen er tezamen voor dat dit schilderij onderhoudend genoeg blijft.

Huizen van Laurel olieverf op canvas **61 x 45 cm.**

Andrew schildert vaak bij Laurel, een kleine boerderij in de streek. "Ik houd van dit onderwerp, met de horizontale, trapsgewijs aangelegde gebouwen en de verticale naaldbomen. De heuvels op de achtergrond rijzen steil op, dus is er geen horizon, alleen gebouwen omgeven door dichte kleuren."

Andrew zette de gebouwen –het brandpunt– op de gulden snede (zie blz. 9), ongeveer waar de lijnen uit de regel van de driedeling elkaar snijden. Dit is een sleutelpositie in elke compositie, die reeds in de Renaissance door geniale schilders als Piero della Francesca (1420-1492) met mathematische precisie werd toegepast.

Toen Andrew hetzelfde tafereel nog eens schilderde, werkte hij met een iets verschillend gezichtspunt. Hij concentreerde zich nog sterker op de gebouwen en vulde het doek met een explosie van kleur, waarmee hij de emotionele kracht nog eens intensiveerde.

"Ik geniet van de gedachte dat als ik terugkeer naar Schotland mijn onderwerpen daar gewoon op me wachten. Het is heerlijk om weg te gaan en dan terug te komen met hernieuwde interesse."

Kleur

"Kleur is voor mij heel belangrijk vanwege de emotionele waarde. Ik probeer mijn kleuren dan ook zo stralend mogelijk te maken. Ik bouw de intensiteit geleidelijk op, net als bij een muziekstuk, waarbij ik verschillende harmonieën en akkoorden creëer – het heeft bijna iets orkestraals. Maar dit kan ook te ver gaan, dan moet ik mezelf afzwakken om de balans en eenheid te bewaren. Elk stuk van het schilderij moet als het ware in dezelfde toonsoort staan."

"Mijn schilderijen begin ik vaak met andere kleuren dan het uiteindelijke resultaat. Ik maak er een chaos van, die ik later weer in proporties breng. Ik meng vaak kleuren op het schiderij zelf. De onderliggende kleuren en textuur zijn belangrijk."

"Er zijn veel theorieën over kleur. Na vele jaren probeer ik er nu minder van af te weten en meer op mijn gevoel te vertrouwen. Je kunt eindeloos blijven kijken, maar uiteindelijk moet je het voelen."

"In dit schilderij is de opbouw van de kleuren goed te zien. Dat heb je met mediterraan licht. De objecten bestaan uit lagen kleur; schaduwen zijn blauw, groen en paars. Aan het werk van de impressionisten en Bonnard is duidelijk af te lezen dat ze hier schilderden."

citroengeel   cadmiumoranje

kobaltpaars   kobaltblauw

citroengeel   kobaltblauw

Het schilderspalet

Andrew gebruikt verf van Winsor & Newton. Hij heeft een nogal groot palet, maar gebruikt niet altijd alle kleuren in een schilderij. Hij gebruikt nooit zwart. Zijn palet omvat veel betrouwbare cadmiumtinten, een violet, drie blauwen, drie groenen en maar twee aardetinten: sienna gebrand en oker-geel. Hiermee houdt hij zijn werk kleurrijk: met een groot palet hoeft hij minder te mengen omdat de kleuren anders te veel vervlakken. De kleuren die hij gebruikt, zijn diep en levendig, met name de cadmiumkleuren die onderling uitstekend men-gen. Een minimaal gebruik van aardetonen, die nogal gedempt zijn, helpt ook de kleuren helder te houden.

sienna gebrand   okergeel   citroengeel   cadmiumgeel

cadmiumoranje   cadmiumrood   cadmiumrood donker   kobaltpaars

feiten

Kleuren die als 'tinten' worden verkocht

Verven die het label 'tint' dragen, zijn vaak heel wat goed-koper dan zuivere verven. Deze verven zijn namelijk imita-ties van de echte kleuren en bevatten niet dezelfde pigmenten. Dit zou ook kunnen betekenen dat ze niet echt betrouwbaar zijn. Het is daarom raadzaam de eigenschap-pen van dergelijke verven eerst te testen en bij twijfel toch maar wat meer geld te spenderen aan de echte verf. Wees echter wel gewaarschuwd: een verf met een goede naam hoeft niet altijd van goede kwaliteit te zijn, houd daarom vast aan bekende, beproefde merken.

ceruleumblauw   kobaltblauw   utramarijn

vert émeraude   chroomoxydgroen   smaragdgroen

Werkwijze

"Het grootste deel van mijn tijd breng ik buiten door met het schilderen van landschappen. Ik haal energie uit de buitenlucht, de wind, de voortdurende verandering van het licht, de hitte en de kou. Aan sommige schilderijen werk ik meerdere seizoenen. Soms moet ik een jaar wachten tot er opnieuw sneeuw ligt of tot een veld weer begroeid is met gerst."

Andrew maakt meestal geen voorbereidende tekeningen of schetsen. Hij reist door het land met in zijn auto doeken, verf en een draagbare ezel. "Ik stop al mijn energie en gevoel voor een onderwerp direct in het werk. Die energie zou verdund worden als ik eerst een tekening zou maken. Ik laat mijn emoties direct tot uiting komen, waardoor ik snel en geconcentreerd werk."

Andrew gebruikt verschillende ronde en platte penselen voornamelijk van varkenshaar om variatie en textuur aan te brengen. "Ik houd vooral van platte penselen omdat ze een brede en een smalle kant hebben, zodat in een beweging gevarieerd kan worden wat bij mijn manier van werken past." Soms gebruikt hij ook huisschilderskwasten van 1,25, 2,5 of 5 cm breed. "Daarmee kan ik verf over het doek trekken, textuur opbouwen, pointilleren en grote hoeveelheden verf op het doek aanbrengen." Hij gebruikt geen speciale textuurmediums, maar verdunt zijn verf met terpentijn en lijnzaadolie.

"Ik begrijp niet waarom iemand zichzelf opsluit in een of andere kamer. Om te tekenen misschien, maar niet om te schilderen." (Claude Monet)

Met een nogal droge penseel brengt hij de verf in niet geheel dekkende strek en op, om variatie in zijn penseelvoering aan te brengen.

Door met de punt van het penseel te pointilleren, creëert hij weer een ander effect die bijdraagt aan de opbouw van textuur in het schilderij.

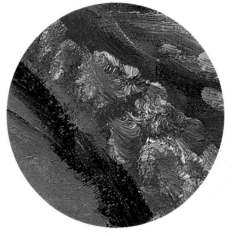

Het is duidelijk dat Andrew houdt van markeringen (zie blz. 122). Hij brengt de verf krachtig op het doek aan en laat de duidelijke penseelvoering voor zichzelf spreken.

techniek

Penseelvoering

Veel amateurs proberen hun werk zo realistisch mogelijk te maken door elk spoor van penseelvoering te vermijden. Hierdoor raakt het schilderij echter zijn karakter kwijt. De penseelvoering geeft een gevoel van beweging en dynamiek, en draagt bij aan een interessante structuur, zoals u in elk schilderij van Van Gogh kunt zien. Om de penseelvoering zichtbaar te maken, kan de kunstenaar de verf dik of zelfs onverdund aanbrengen of een medium voor impasto gebruiken. Het gebruik van verschillend gevormde penselen en het werken op een energieke, vrije manier helpt de penseelvoering op te peppen.

Evelyn Pottie werd door deze plek aangetrokken door de kleuren en variatie van de bomen op de rivieroevers en het contrast dat ze vormden met de gladde velden en de langzaam kronkelende rivier. Dit contrast wilde ze vangen in een werkelijk driedimensionale vorm. Ook wilde ze de immensiteit van dit uitzicht vastleggen. Ze schilderde dit tafereel in de nazomer "toen de namiddagzon licht wierp op de rechterkant en hier en daar door de wolken op delen van het landschap scheen".

Dit is een van de lievelingsplekken van Evelyn in de Schotse Hooglanden, dus toen ze een opdracht kreeg voor een schilderij voor een olieplatform aarzelde ze niet lang over wat ze zou schilderen. Ondanks dat ze dit gebied goed kent –"soms rij ik er langs zonder te stoppen om een schets te maken"–, onderkende ze het potentieel en maakte ze er in alle jaargetijden studies van. "De veranderingen per dag, seizoen en weertype zijn enorm."

De Findhorn bij Tomatin door **Evelyn Pottie** olieverf op board **130 x 100 cm.**

Compositie

Evelyn werkt op de klassieke manier. Ze maakt schetsen en kleurstudies en gaat daarmee aan het werk in haar atelier. Soms begint ze meteen aan een schilderij of ze neemt een oude schets als basis voor een nieuw werk. Als een bladzijde in haar schetsboek niet groot genoeg is, plakt ze er gewoon wat papier aan vast en tekent verder. Dit is een goede methode; het is beter om papier toe te voegen wanneer dat nodig is, dan om alles in een te klein oppervlak te proppen of iets weg te laten. Schetsen hoeven de bladzijde echter niet te vullen als het onderwerp daar niet om vraagt.

"Ik laat dingen weg en verplaats bomen als dat goed uitkomt."

"In mijn atelier maak ik een grotere werktekening, waarin ik de elementen van het landschap een plaats geef. Ik maak vaak gebruik van de regel van de driedeling of de gulden snede om de hoofdelementen van het landschap een plaats te geven. Aangezien ik graag veel ruimte voor het land gebruik, beperk ik het luchtgebied vaak tot minder dan een derde van het oppervlak. Ik ben van mening dat wegen, dierensporen, beplanting en gebouwen elk landschap een heel eigen gezicht geven, dus in dat opzicht werk ik natuurgetrouw. Maar ik laat naar believen dingen weg en verplaats bomen als dat goed uitkomt."

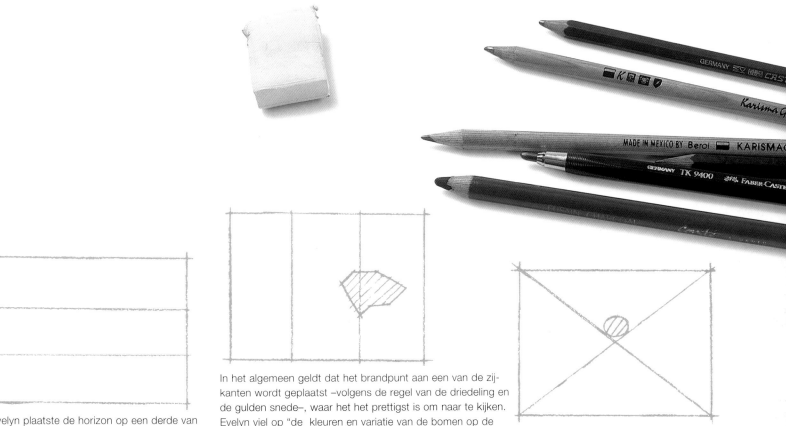

Evelyn plaatste de horizon op een derde van het oppervlak om zo veel mogelijk ruimte te hebben om de textuur, contouren en energie van het land te onderzoeken. De lucht heeft dus minder ruimte gekregen, maar is geschilderd met prachtige wolkenpartijen.

In het algemeen geldt dat het brandpunt aan een van de zijkanten wordt geplaatst –volgens de regel van de driedeling en de gulden snede–, waar het het prettigst is om naar te kijken. Evelyn viel op "de kleuren en variatie van de bomen op de oevers, hun drukte en opwinding vergeleken met de koele kalmte van de velden". Daarom gaf ze de bomen een sleutelpositie op een derde van de rechterkant.

Evelyn was al langer gefascineerd door de positie van het boerderijtje boven de rivier. Ze plaatste het onbewust in het midden van de compositie waar het de aandacht van de beschouwer trekt.

gulden regel

Het gebruik van een beeldzoeker

Bij het vinden van een goede compositie gebruiken kunstenaars soms een beeldzoeker: een stuk papier of karton waar een rechthoekig raam uit gesneden is. Deze beeldzoeker wordt net zo lang bewogen totdat hij een geschikte compositie omlijst; een camera kan op dezelfde manier gebruikt worden. Het helpt als het raam even groot is als het doek. De meeste kunstenaars schetsen echter meer dan ze in hun uiteindelijke werk gebruiken. In het atelier kunt u twee L-vormige stukken zwart karton op dezelfde manier gebruiken tot een prettige compositie gevonden is.

Kleur

"In de eerste stadia van een schilderij gebruik ik een beperkt palet om grote gebieden met kleur af te bakenen. Ik voeg geleidelijk kleuren toe naarmate het werk vordert. Mijn keuzen zijn nogal intuïtief: ik kijk naar mijn notities en probeer me de kleuren die ik heb gezien te herinneren. Maar soms verhoog ik de intensiteit van een kleur om de compositie of de emotionele impact te veranderen."

Evelyn gebruikt een groot palet in het eindstadium van een schilderij. En hoewel groen een belangrijke onderdeel vormt van een landschap, gebruikt Evelyn alleen vert émeraude. Ze geeft er de voorkeur aan zelf haar groenen te mengen met verschillende kleuren oker, geel en blauw. Hiermee creëert ze een scala aan subtiele kleuren. Haar zachte, gevarieerde groenen zijn uitermate geschikt voor de gedempte tinten van de Schotse Hooglanden.

Het schilderspalet

Evelyn begint meestal met het afbakenen van kleuren en tinten met een palet bestaande uit okergeel, sienna naturel, lichtrood, ceruleumblauw, ultramarijn, en titaanwit. Naarmate het schilderij vordert, voegt ze cadmiumgeel of cadmiumgeel citroen, alizarine purper, omber naturel, kobalt- of Paynesgrijs, en soms vert émeraude en magenta toe. Ze gebruikt zelden zwart.

feiten

Het gebruik van zwart

Veel kunstenaars halen hun neus op voor zwart en zeggen dat het de andere kleuren bevuilt. Het kan inderdaad moeilijk te hanteren zijn en een schilderij overdonderen als het puur of in mengkleuren gebruikt wordt. Een beetje zwart kan echter nuttig zijn om kleuren te dempen. Paynesgrijs, dat hiervoor vaak gebruikt wordt, is eigenlijk een mengsel van blauwe en zwarte pigmenten. U kunt zelf een goede Paynesgrijs mengen van ultramarijn en ivoorzwart.

citroengeel

cadmiumgeel

okergeel

sienna naturel

lichtrood

ceruleumblauw

ultramarijn

kobaltblauw

omber naturel

alizarine

vert émeraude

Paynesgrijs

citroengeel   kobaltblauw

kobaltblauw   vert émeraude

citroengeel   ultramarijn

Werkwijze

Evelyn doet er soms maanden over om een schilderij af te maken. Ze werkt meestal aan meerdere werken tegelijk. Soms laat ze een schilderij een paar weken rusten omdat ze ineens inspiratie heeft voor een ander werk, maar ook om de verflagen goed te laten drogen. Ze werkt op de traditionele manier: "afbakenen; vanuit de achtergrond naar de voorgrond werken; eerst verdunde verf, dan dikkere, dan vernis aanbrengen; in het begin grote penselen, aan het eind kleinere voor de details; wegschrapen van tegenvallende stukken; stukken opnieuw tekenen, overschilderen, tot ik er niets meer aan toe te voegen heb."

techniek

Tonking

Sir Henry Tonks, docent aan de Slade-academie, is de uitvinder van een techniek die het mogelijk maakt gebieden die nog niet droog zijn over te schilderen. Druk een stuk absorberend papier op het natte gedeelte om overtollige kleur en olie te verwijderen. Pas op met krantenpapier, want de drukinkt kan afgeven.

Evelyn produceert niet erg veel olieverfschilderijen, omdat ze ook veel met andere materialen werkt. De laatste tijd werkt ze met een combinatie van druktechnieken en verf op canvas, met acryldrukinkt en acrylverf.

"Ik ben zelden tevreden over mijn werk. Soms heb ik het geluk dat ik delen van mijn werk goed vind."

Evelyn gebruikt grote penselen om in het beginstadium gebieden af te bakenen en de lucht textuur te geven.

Door in het eindstadium de verf hier en daar dikker en voller aan te brengen, creëert ze diepte en dimensie in gebieden die niet gedetailleerd geschilderd kunnen worden, zoals in dit coniferenbos.

Tegen het eind van het schilderproces brengt ze met kleine penselen details aan, zoals bij deze boomstammen.

LANDSCHAPPENOLIEVERF

"Mijn schilderijen vormen een zoektocht naar schoonheid. Ik interpreteer de natuur en de natuurlijke vormen op een manier die de beschouwer uitnodigt nog eens te kijken en die, met een beetje geluk, de ziel van een bepaalde plek oproept. Omdat het tafereel 'gevangen' is in verf, wordt het ook een deel van de ziel van de beschouwer. Dat bereik je niet door eenvoudigweg naar het landschap te kijken."

"Ik zoek naar een landschap door rond te rijden. Als ik iets zie –soms maar een glimp in mijn achteruitkijkspiegel– stop ik en verken ik de omgeving. Vaak vergis ik me en dacht ik iets te zien wat er uiteindelijk niet was. Als wat ik zoek me niet beroert, hoe kan ik dan anderen beroeren met het verlangen mijn versie ervan te bezitten? Het is al vaak voorgekomen dat ik, de wanhoop nabij, aan een schilderij begon om er vervolgens achter te komen dat het échte onderwerp –het brandpunt– niet dat was wat ik zag, maar een beetje meer naar rechts of links lag."

"Dit schilderij maakte ik bij Penshurst. Het is daar prachtig en ik wist zeker dat ik een geschikt gezichtspunt zou vinden. Zoals altijd moest ik lang zoeken, over hekken klimmen en langs de rivier dwalen, om verschillende gezichtspunten te proberen. Vanaf de weg had ik de huizen en bomen gezien, maar het kostte heel wat tijd voor ik de compositie vond met deze bocht in de rivier erbij."

Rivier de Eden, Kent door Lynette Hemmant olieverf op board **60 x 40 cm.**

Compositie

"Ik heb vier schilderijen van de rivier de Eden gemaakt vanaf hetzelfde gezichtspunt: op landschapsformaat, op het hier getoonde portretformaat, met Penshurst Place aan de linkerkant en van de rivier. Soms is een uitzicht mooier door het gezichtspunt te verlagen, dat betekent dat je moet gaan zitten achter de schildersezel. Ik vind dat moeilijker, omdat het dan lastiger is om afstand te nemen van wat ik aan het doen ben."

gulden regel

Gewelfde lijnen in de compositie

In de natuur zijn maar weinig dingen loodrecht en sommige vormen, zoals menselijke vormen, kunnen zeer gewelfd zijn. Welvingen in een compositie kunnen sensueel, zelfs dierlijk zijn en geven een sterk gevoel van leven. Een rechte horizontale lijn kan kalm zijn op het saaie af, terwijl sterke; rechte diagonalen en verticalen zo veel energie kunnen geven dat sommige beschouwers ze overdonderend of zelfs afstotend vinden. Door deze lijnen meer welving te geven of een uitzicht te kiezen dat al bochtig is, kiest u de gulden middenweg. Uw compositie is interessant en levendig zonder de ontspannen stemming te verliezen die hoort bij het kijken naar een landschap, maar ook weer niet zo ontspannen dat het schilderij doods wordt.

"Ik gebruik bijna nooit schetsen of foto's. Foto's hebben nooit de goede kleuren en het perspectief klopt ook niet. Ik teken alleen als ik een tekening nodig heb of als ik in opdracht schilder en de klant een 'skelettekening' wil laten zien om aan te geven hoe ik het zie. Ik heb jaren gewerkt als illustrator, waardoor ik misschien een beeld kan visualiseren op een inwendig scherm, zodat ik het niet eerst hoef uit te werken."

"Elk landschap heeft een ritme. Soms zie ik het meteen, soms pas als ik al aan het werk ben."

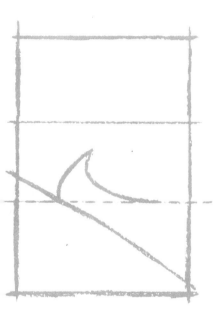

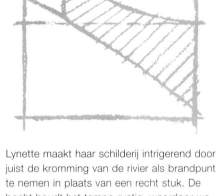

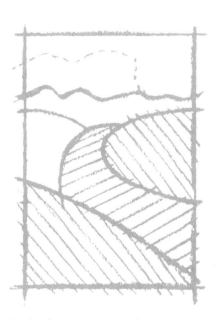

Lynette koos voor dit landschap een ongebruikelijk formaat. Ze draaide haar doek tot ze portretformaat had. De horizon ligt traditioneel op tweederde, maar door dit formaat heeft ze veel meer ruimte om het landschap te ontwikkelen en zich te focussen op het hoofdonderwerp: de bocht in de rivier.

Lynette maakt haar schilderij intrigerend door juist de kromming van de rivier als brandpunt te nemen in plaats van een recht stuk. De bocht houdt het tempo rustig, waardoor we zachtjes voortdeinen op onze visuele reis richting de bomen.

Rechte lijnen geven meestal energie en drama aan een schilderij, maar hier is alles gebogen zodat een gevoel van beweging ontstaat. Als u goed luistert, kunt u bijna de wind horen die door de bomen en over het water speelt.

Kleur

"Ik werk met natuurlijke kleuren, voornamelijk aardetinten. Ik moet wat ik zie vertalen als een 'echte' kleur op het doek. Ondanks mijn neiging om het tafereel af te beelden zoals ik het zie, probeer ik sommige kleuren op te halen om ze sprankelend te maken. Loodwit kan, mits voorzichtig gebruikt, goed gebruikt worden om highlights aan te brengen. En de nogal onnatuurlijke, chemische phtaloblauw en phtalogroen kunnen een schilderij oppeppen zonder het ordinair te maken."

Het schilderspalet

"Ik gebruik de artists' quality-verven van Winsor & Newton. Soms voeg ik titaanwit in alkydhars toe om de verf sneller te laten drogen en af en toe gebruik ik een droogmedium, zoals Liquin. Voor dit schilderij gebruikte ik voornamelijk aardetinten –sienna, omber en okergeel– in combinatie met Napelsgeel, hookersgroen, phtaloblauw, Paynesgrijs, een beetje rood en het sterkere cadmiumgeel. Voor de lucht meng ik meestal ceruleumblauw en ultramarijn voor de werkelijk blauwe stukken, en gebruik ik allerlei 'modderige' mengsels voor de wolken. Wat is er op tegen om modder met modder te schilderen?"

> "Kleur betekent niets als het niet overeenstemt met het onderwerp en als het niet het effect van het schilderij verhoogt via de verbeelding."
>
> (Eugène Delacroix)

sienna naturel

sienna gebrand

okergeel

omber naturel

Napelsgeel

cadmiumgeel

hookersgroen

phtalogroen

Paynesgrijs

cadmiumrood

ceruleumblauw

ultramarijn

phtalogroen   okergeel

cadmiumrood   ceruleumblauw

feiten

Welk wit?

Dat wit niet gewoon maar wit is, merkt u wanneer u in de winkel voor kunstenaarsbenodigd-heden geconfronteerd wordt met verschillende soorten wit. Werkelijk slechte witten bestaan gelukkig niet, dus het kan nooit helemaal mis gaan. Het beste wit is misschien wel loodwit, uitsluitend verkrijgbaar in olie en alkyd. Het is warm, sterk, dekkend, sneldrogend en flexibel, en u hoeft alleen maar naar een oud schilderij te kijken om overtuigd te raken van de duur-zaamheid. Lood is giftig, maar zolang u niet aan uw kwasten likt of nagelbijt terwijl u schildert, is het veilig. In plaats van loodwit kunt u titaanwit gebruiken. Dit is een zeer helder, puur en geheel lichtecht wit, dat goed dekt. Wanneer u een transparant wit nodig hebt, is het koele zinkwit een goedkope oplossing. Als u zinkwit echter te dik opbrengt, kan het net als olieverf barsten, dus gebruik het voorzichtig.

Werkwijze

"Ik begin met een opzet van de vormen op mijn board –dat is steviger dan doek en vooral prettig als het waait– met omber gebrand of een met terpentijnolie verdunde groene kleur. Als ik vind dat de vormen goed zijn, baken ik gebieden af met transparante kleuren die ik later opbouw. Ik houd me aan de regel van 'dik over dun'. Ik begin met sterk verdunde kleuren en gebruik pas dikkere verf als ik erop vertrouw dat het goed gaat. Ik werk ongeveer drie uur achter elkaar door tot het licht te veel veranderd is. Dan begin ik aan een ander schilderij en misschien later aan weer een ander. De volgende dag besteed ik iets minder tijd aan elk schilderij, zodat de schaduwen blijven kloppen. Meestal maak ik mijn werk in vier of vijf sessies af, maar dit hangt af van de complexiteit en mijn eigen verwachtingen. Soms maak ik een schilderij in één keer af. Maar eigenlijk houd ik ervan om een plek tot een geheel te maken en accepteer ik de verschillen die van dag tot dag optreden. Als ik de lucht vandaag mooier vind dan gisteren, schilder ik hem opnieuw."

techniek

Water

Water, in al zijn natuurlijke vormen, is een eindeloos fascinerend onderwerp. Het is moeilijk te vangen, vooral in beweging, omdat het vorm en leven heeft en toch transparant of semi-transparant is. U moet blijven observeren en oefenen, dan komt u er snel achter dat er logica en herhaling is in de manier waarop water beweegt en u kunt penseelstreken gebruiken om dit te beschrijven. Het is belangrijk om water niet overmatig te bewerken. Te veel verf en penseelstreken kunnen het te stevig –net als land– maken.

"Ik ben dol op nieuwe penselen, maar ik verpest ze nogal snel; penselen moeten goed onderhouden en schoongemaakt worden. Het zou een leugen zijn om te beweren dat ik dat elke dag doe."

De details worden minder duidelijk in de verte; kleuren worden gedempt en blauwer volgens de perspectiefregels.

"Er zijn allerlei legitieme schildertrucs, maar ik voel me daar ongemakkelijk bij. Ik verspil liever tijd aan het nauwkeurig naschilderen van een boom, dan hem te versimpelen en weg te laten."

Als je van dichtbij kijkt, zie je dat Lynette de kleuren op sommige plekken heeft opgehaald met lichtgroen om een sprankeling te creëren.

LANDSCHAPPEN**OLIEVERF**

""Al mijn schilderijen vertellen een verhaal dat ik niet in woorden kan vatten. Ik hoop dat de beschouwer het voelt en misschien een verband legt met een bepaalde plaats of persoon. Als dat gebeurt, is mijn opzet geslaagd."

"Deze schilderijen zijn afkomstig uit een serie werken over mijn ervaringen in Oost-Turkije. *De vestiging* is een schilderij over verdreven mensen: Koerden die vluchtten over de grens met Irak. Dit schilderij maakte ik voor die mensen die leven in tenten. De beschouwer kan ze niet zien, maar ik weet dat ze er zijn omdat ik er een nacht doorbracht. Dit schilderij over hoop draag ik aan hen op."

Rechts ***De vestiging*** **(1990)** olieverf op doek **200 x 220 cm** (privé-collectie van Tim Kirkpatrick)
Onder ***De weg naar huis*** **(1992)** olieverf op doek **190 x 220 cm** (privé-collectie van Sir Jeremy Isaacs)
door Robert Maclaurin

"Tijdens een van mijn omzwervingen, ergens diep in het oosten van Turkije, ontmoette ik een jonge herder. Ik bleef twee dagen en nachten bij hem, zijn kudde en zijn grote, witte hond die zich tussen de schapen verstopte om ze te beschermen tegen wolven. 's Nachts hoorden we ze huilen in deze geïsoleerde bergweiden. *De weg naar huis* gaat over deze herder. Het is een portret van de herder in zijn landschap, waar hij zijn hele leven heeft doorgebracht."

Hyjdla Kosaniuk maakte de foto's van de schilderijen

"Mijn schilderijen zijn heel persoonlijke reacties, vaak gerelateerd aan een specifieke persoon, plaats of serie gebeurtenissen in mijn leven."

Compositie

Robert is opgeleid in de traditie van de Scottisch Art School. Voor hem is de motivatie of ervaring die de aanzet geeft voor een schilderij en zijn reactie daarop van doorslaggevend belang. "Ik ben altijd aan het schetsen, maar gebruik de tekeningen zelden voor een schilderij. Ik kan net zo goed een belangrijk werk maken naar aanleiding van een beschrijving van een plaats uit een dagboek. Dat noem ik een 'geschreven schets'. Het is voor mij belangrijk dat ik deze gevoelens vastleg, terwijl ik kleine tekeningen en kleurnotities maak. Deze gedachten moet ik vasthouden om een overtuigend schilderij te kunnen maken."

Het hooggelegen gezichtspunt, uitkijkend over het dorp in de vallei beneden, geeft niet alleen een geweldig gevoel van ruimte, het verbindt ons ook met de onzichtbare herder die naar het dorp kijkt, terwijl hij zijn kudde in de gaten houdt. Het laat zien hoe ver hij van huis is. Ondanks de grote afstand tot het dorp, trekt de duidelijke witte lijn van de weg die de herder naar huis voert ons in het schilderij.

"De weg naar huis is, net als het andere schilderij, het resultaat van heel kleine, schetsmatige inkttekeningen die ik in mijn schetsboek maakte. Wat echter belangrijker is en waardoor deze tekeningen doeken van 190 x 220 cm zijn geworden, komt door de ervaring."

gulden regel

Hoge gezichtspunten

De meeste landschappen worden min of meer op ooghoogte geschilderd. Dit geeft een gevoel van aanwezig zijn. Een ander gezichtspunt, van boven- of benedenaf, kan een geweldig beeld opleveren. Van bovenaf op iets neerkijken kan de opwinding van het voor het eerst zien van een plaats overbrengen, alsof u naar een nieuwe wereld kijkt. Ook kan het een gevoel geven van zien zonder gezien te worden.

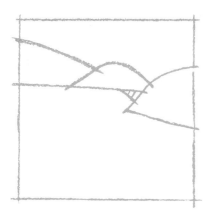

Het cluster van Koerdische tenten staat bijna in het midden van de compositie. Dit laat zien dat de mensen van ver zijn gekomen, maar nog een eind te gaan hebben. Deze tenten kunnen ook gezien worden als een metafoor voor alle mensen en hun reis door het leven. Hun grootte –de tenten zijn nauwelijks groter dan een kleine boom– laat zien hoe klein de mens is ten opzichte van de natuur.

De zachte vormen van de heuvels op de voorgrond en in het midden geven de indruk dat de mensen onderweg zijn naar een betere plaats. Ze trekken weg van het onherbergzame gebied met de kale, puntige bergen in de verte.

"De vestiging is een schilderij van een reis. Zij is ontstaan tijdens een voettocht van een week door Koerdistan. Ik heb drie tekeningen uit die week gebruikt en ze samengevoegd. Twee jaar later heb ik in mijn atelier in Edinburgh dit olieverfdoek geschilderd. Ik houd niet zo van analyseren, maar de tenten staan halverwege het schilderij in een zachtere groep heuvels dan de harde, puntige, onherbergzame heuvels waar de mensen vandaan komen. Het schilderij is een reis op zich; van lagen verf over oudere lagen verf."

Kleur

"Ik gebruik kleur om een emotioneel element aan mijn werk toe te voegen. In deze schilderijen heb ik niet weergegeven wat ik zag, maar wat ik voelde."

Robert gebruikt de bijna-complementaire kleuren oranje en groen *(De weg naar huis),* en gedempte, complementaire kleuren grijsblauw en zacht oranje *(De vestiging)* om de beelden intensiteit te geven en de kracht van de emoties op te roepen. De kleurcombinatie van *De vestiging* is vredig, misschien om uit te drukken dat de Koerden het ergste achter de rug hebben en verder kunnen trekken met hoop en vertrouwen. De sterke kleuren in *De weg naar huis* geven uiting aan de toevoer van adrenaline als gevolg van het waken over de kudde, terwijl vlakbij de wolven huilen.

Het schilderspalet

"Ik heb altijd de beste verf gebruikt, in dat opzicht sluit ik geen compromissen. Hetzelfde geldt voor mijn doeken. Mijn schilderijen zijn mijn stem en het is in mijn belang dat ze vele eeuwen meegaan. Kwaliteitsproducten en goede technieken zullen mijn stem doen overleven door mijn schilderijen. Ik gebruik artists' quality-verven van Schmincke en Winsor & Newton."

cadmiumgeel

okergeel

cadmiumrood

kobaltblauw

chroomoxydgroen

sienna gebrand

omber gebrand

permanent alizarine karmijn

cadmiumgeel

cadmiumrood

kobaltblauw

chroomoxydgroen

cadmiumgeel

okergeel

feiten

Zelf groenen mengen

Het kiezen van een kant-en-klaar groen is een delicate kwestie. Veel kleuren groen, zoals sap- en olijfgroen en groene aarde, zijn niet kleurecht, zodat veel kunstenaars vert émeraude of chroomoxydgroen nemen. Vert émeraude is lichtecht en prachtig transparant, terwijl chroomoxydgroen dekkend en lichtecht is. Het zijn echter alletwee sterke kleuren die kunnen vlekken op overgeschilderde kleuren. Daarom vermijden veel kunstenaars het gebruik van kant-en-klare kleuren groen en mengen ze liever zelf. Dit geeft vaak een heel bevredigend resultaat. Ook Robert Maclaurin mengt geregeld zijn eigen kleuren groen.

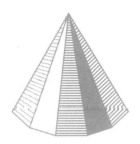

Werkwijze

Robert schildert in de geest van zijn opleiding aan de Scottish Art School met een sterk gevoel voor en gedurfd gebruik van kleuren en is goed onderlegd in tekenen en compositie. Maar de belangrijkste lessen leerde hij later, "toen ik mezelf de discipline aanleerde zes dagen per week in mijn atelier te werken en een groot vertrouwen in mezelf als schilder ontwikkelde".

"Toen werkte ik met impasto: de verf wordt in lagen opgebracht. Ik heb altijd een beeld in mijn hoofd van hoe een schilderij er uit zal gaan zien, maar zo wordt het uiteindelijk nooit. Ik heb bijvoorbeeld een globaal idee over een uitgestrekte oppervlakte begroeid met bomen, maar denk niet na over elke afzonderlijke boom. Ik ben van mening dat grote doeken zichzelf stukje bij beetje vormen. Een proces dat lijkt op hoe het onderwerp de basis van het schilderij vormt."

"Het onderwerp van deze doeken was voltooid toen de schilderijen hun stoffelijke 'reis' van geschilderd worden hadden beëindigd. Als schilder heb ik altijd het gevoel dat ik maar voor de helft controle heb over iets zeer wilds, dat uiteindelijk getemd zal worden. Het wordt er nooit gemakkelijker op."

Het vangen van toon

Om te spreken met Paul Cézanne (1839-1906), de stamvader van het Kubisme: "Alle vormen in de natuur zijn terug te voeren op die van de kegel, bol en cylinder." Deze nuttige uitspraak kan van pas komen bij het bepalen van de verschillende tinten van een object. Het vangen van een tint is behoorlijk ingewikkeld en vereist veel studie. Een basisregel is dat wanneer een object van één kant belicht wordt, het lichtste deel niet noodzakelijk recht tegenover de lichtbron staat en het donkerste deel niet noodzakelijk het verst er vanaf is. Het lichtste en het donkerste deel zijn meestal enigszins naar de beschouwer toegekeerd (zie diagrammen boven). Een bepaalde hoeveelheid gereflecteerd licht kaatst terug op de omgeving, waardoor het uiterste randje van de donkere kant belicht wordt.

techniek

Impasto

Deze techniek ontleent zijn naam aan het Italiaanse woord *pasta*, dat in het Nederlands ook 'pasta' betekent en doelt op het dik aanbrengen van verf, zodat de markeringen van het paletmes of penseel duidelijk zichtbaar blijven. Iedere kunstenaar heeft zijn eigen opvatting over wat impasto is. Sommigen brengen de verf recht uit de tube in dikke pieken aan op het doek; anderen brengen de verf dikker aan dan gebruikelijk. Robert brengt veel lagen verf aan om textuur op te bouwen. Omdat zeer dik opgebrachte verf kan barsten tijdens het drogen, is het het beste om het in dunnere lagen aan te brengen of om de verf met impastopasta of een sneldrogend alkydmedium te mengen. Dit vermindert de kans op barsten. Bovendien bespaart het verf.

> "De vreugde en pijn van schilderen ligt besloten in het omvormen van de eerste inspiratie tot iets moois en krachtigs."

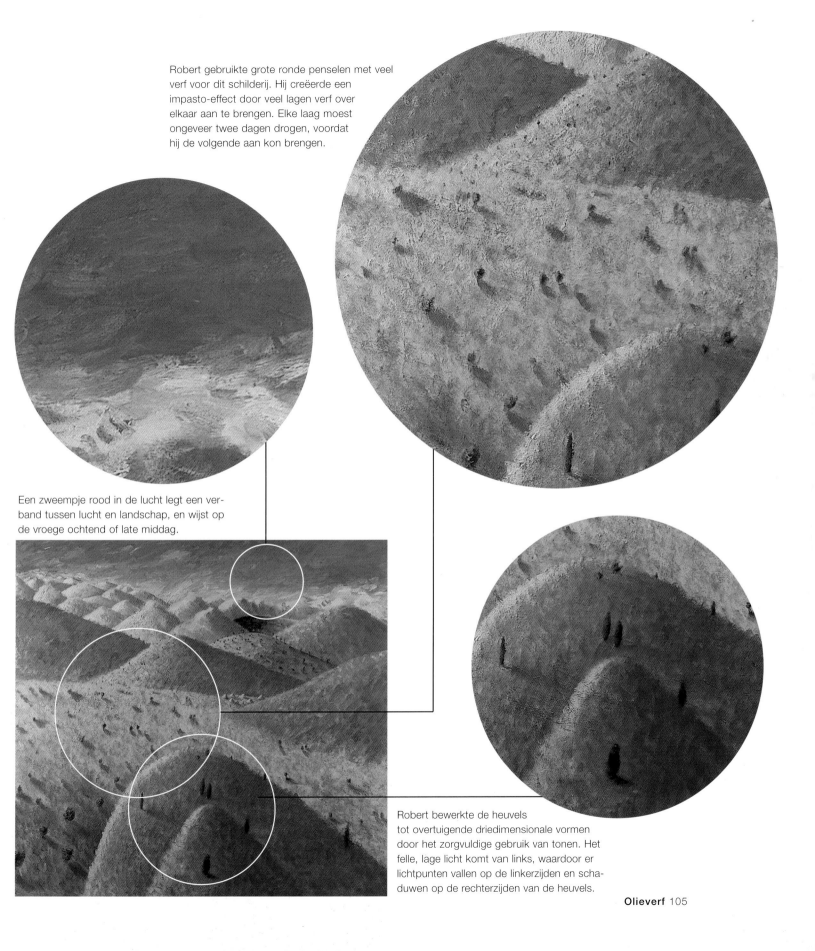

Robert gebruikte grote ronde penselen met veel
verf voor dit schilderij. Hij creëerde een
impasto-effect door veel lagen verf over
elkaar aan te brengen. Elke laag moest
ongeveer twee dagen drogen, voordat
hij de volgende aan kon brengen.

Een zweempje rood in de lucht legt een verband tussen lucht en landschap, en wijst op
de vroege ochtend of late middag.

Robert bewerkte de heuvels
tot overtuigende driedimensionale vormen
door het zorgvuldige gebruik van tonen. Het
felle, lage licht komt van links, waardoor er
lichtpunten vallen op de linkerzijden en schaduwen op de rechterzijden van de heuvels.

GEMENGDE
TECHNIEKEN

LANDSCHAPPEN
GEMENGDE TECHNIEKEN

Het werk van Neil Canning is licht en levendig, en vol van vreugde over de natuur. Hij is vooral geïnteresseerd in de invloed van de mens op het landschap "door mijnwerk, landbouw en godsdienst". Dit is belangrijk bij het doorgronden van de sfeer die hij met zijn werk wil overbrengen. Voor hem is de ervaring van het zich bevinden in het landschap een essentieel aspect van zijn werk, net als voor veel andere kunstenaars. Hij moet een landschap leren kennen, voordat hij kan beginnen met schilderen. "Meestal breng ik vele uren door met rondlopen in en het voelen van een landschap voordat ik beelden vorm. Licht, weersomstandigheden en geologie zijn belangrijke elementen in een landschap."

Brandende zomer door **Neil Canning** gemengde technieken op papier **56 x 76 cm.**

Compositie

Centraal in Neils werk staat de vitaliteit van de natuur: het levende, bewegende, altijd veranderende land onder onze voeten. Kennis van de geschiedenis van een bepaalde plaats helpt hem deze zelden waargenomen maar vaak gevoelde kracht op te roeren. "Wat er gebeurt –of is gebeurd– onder de oppervlakte geeft een sterk gevoel over hoe het land is opgebouwd. Door het bestuderen van oude stenen of muren uit de bronstijd wordt een tipje van de sluier opgelicht over het mysterie van wat ons is voorgegaan."

Veel vormen in de natuur zijn universeel, zoals de glooiing van een heuvel, de vorm van een boom, "kringen in stenen, patronen in velden of natuurlijke bochten en lijnen". Neil maakt hier met goed gevolg gebruik van in zijn composities. Als deze herhaling wordt omgezet op doek of papier "verenigt het de verschillende elementen van de compositie met natuurlijke beweging en ritme". U kunt overeenkomsten in vorm zien tussen zijn schilderijen. De golvende, buigende lijnen weerspiegelen de energie en kracht van de natuur en de bijna beangstigende intensiteit die Neil in zijn werk stopt.

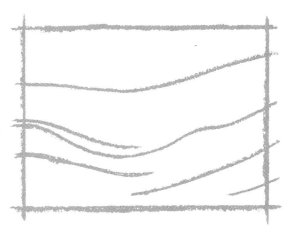

Brandende zomer is de meest onstpannen compositie van de twee schilderijen, maar is nog steeds energiek en intens. De lange, glooiende lijnen golven van links naar rechts en terug. Dit creëert een schommelende beweging, bijna alsof we kijken naar de golven van de zee.

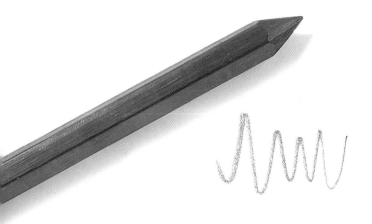

Versplinterde aarde **door Neil Canning** gemengde technieken op papier **81 x 102 cm.**

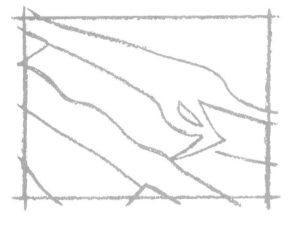

In *Versplinterde aarde* geven de dikkere, agressievere vegen kleur een veel bozer, dynamischer gevoel. Het is alsof de aarde voor onze ogen oprijst en versplintert met de intensiteit van een vulkaan.

Strepen zwart en wit snijden door het schilderij als lichtflitsen en vullen het beeld met een kracht die u bijna kunt horen spetteren en vonken.

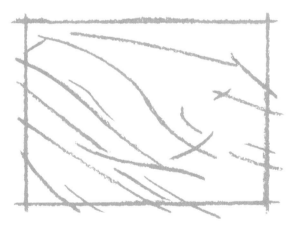

Omdat de strepen kleur rechter en directer zijn dan die van *Brandende zomer* creëren ze beweging in een veel hoger tempo.

gulden regel

Rechte en gebogen lijnen

Composities die rond gebogen lijnen opgebouwd zijn, houden de blik in beweging in een rustig ritmisch tempo. Dit houdt de aandacht vast, terwijl de sfeer toch vredig is. Gebogen lijnen kunnen sensueel zijn, alsof de beschouwer visueel een dier of zelfs een mens streelt. Rechte, horizontale lijnen hebben een kalme uitstraling, maar zodra ze gekanteld worden, krijgen ze energie – hoe steiler de helling, hoe meer energie en des te groter het gevoel van snelheid. In *Versplinterde aarde* bewegen de lijnen van linksboven naar rechtsonder en stralen snelle beweging en intense energie uit.

Kleur

Het is duidelijk dat Neils kleuren geen afspiegeling zijn van de werkelijkheid. Ze zijn ontworpen om zijn reactie op die werkelijkheid over te brengen. Hij kiest voor sterke, levendige kleuren –ceruleumblauw of ultramarijn, vert émeraude en cadmiumgeel– en brengt die naast elkaar aan. Hij gebruikt soms zelfs het ongebruikelijke zwart direct uit de tube op het papier. Hiermee creëert hij donkere, dichte gebieden, waardoor de kleuren rijker, bijna eetbaar, lijken.

Het schilderspalet

Neil gebruikt allerlei soorten verf: Unison of Sennelier-pastels; Daler Rowney designers'-gouache of aquarelverf en Rembrandt-olieverf. Hij maakt gebruik van de kwaliteiten van elke soort: de zuiverheid en intensiteit van pastels, de helderheid van aquarelverf of gouache en de rijke diepte van olieverf. Hij kiest altijd zeer lichtechte kleuren die duurzaamheid garanderen.

feiten

Het gebruik van pure kleuren

Neil gebruikt zeer heldere, pure kleuren, die veel kunstenaars te fel zouden vinden. In een figuratief landschap zouden ze misschien vloeken, maar naast elkaar gebruikt, knetteren ze als elektriciteit. Zelfs kleuren die de meeste kunstenaars schuwen, zoals zwart, doen het goed als ze in evenwicht gebracht worden door sterke kleuren. Het zwart werkt dan als het lood in een glas-in-loodraam: het absorbeert het licht, dat hierdoor niet op de naburige kleur afketst. Zo blijven de kleuren puur en intens.

cadmiumgeel

ceruleumblauw

ultramarijn

vert émeraude

vert émeraude

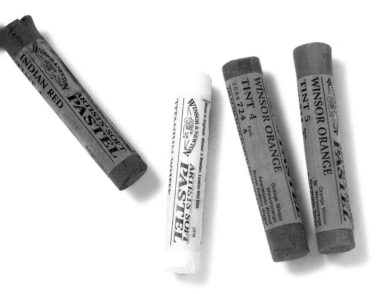

Alle kleuren roepen een bepaalde stemming of associatie op waar individuen verschillend op reageren. Emile Nolde (1867-1956) zei: "Geel drukt blijheid uit, maar ook pijn". Welke associatie u ook hebt met Nolde's kleuren, ze zijn altijd zeer intens. Dat komt door de sterke concentratie: gedempte kleuren zijn veel stiller dan heldere kleuren.

"Elke kleur heeft een ziel en veroorzaakt vreugde, walging of stimulans."

(Emil Nolde)

paletmes

Werkwijze

In zijn werk beoogt Neil de levenskracht van de natuur te interpreteren. "Licht kan omtrekken doen oplossen in glinsterende vormen en wilde penseelstreken doorsnijden de kleuren om een felle wervelstorm uit te drukken." Maar Neil heeft ook oog voor de zachtere kant van de natuur. "De primitieve, wilde schoonheid van het land wordt altijd in evenwicht gehouden door de tederheid van dauw of zongebleekt gras."

Neil schildert op 300 g koudgeperst aquarelpapier of linnen van Arches en gebruikt messen en penselen in een vrije, expressionistische stijl.

"Vanuit mijn wens om de pure vreugde van het buiten zijn weer te geven, gebruik ik vaak sterke kleuren en ritmische gebaren."

techniek

Het gebruik van schildersmessen

Er zijn twee basistypen kunstenaarsmessen: het palet- en het schildersmes. Een paletmes heeft een stijf blad en is ontworpen om verf op het palet te mengen. Een schildersmes is flexibel en wordt gebruikt om verf op doek of papier aan te brengen. Messen lijken misschien moeilijker dan penselen, maar veel kunstenaars gebruiken ze juist graag. Met een mes kunt u alle kanten op: van het opbrengen van een vleugje verf tot dikke lagen.

schildersmes

Het schildersproces is in *Versplinterde aarde* zelfs krachtiger dan in *Brandende zomer*. Zie hoe de zwarte verf in de blauwe lucht overloopt, zoals stof uitwaaiert na een vulkanische uitbarsting. De streken zijn golvend en lang en op sommige plekken, zoals op de witte voorgrond, lijkt het zelfs of hij de verf erop heeft gespat.

Opeenvolgende wassingen
vormen het landschap en dui-
den op de zachtere kant van
de natuur. Uitgewreven pastel
geeft ook een verzachtend
effect.

Een sterke wassing met gouache zorgt voor een heldere,
solide massa kleur voor de
lucht.

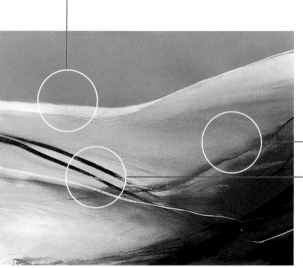

Streken zwarte gouache en
witte pastel, aangebracht aan
het eind van het schilderproces, geven dynamiek en een
interessante textuur.

LANDSCHAPPEN
GEMENGDE TECHNIEKEN

"Uitgangspunt voor al mijn landschappen is een foto, door mij gemaakt op een van mijn reizen of bijvoorbeeld uit een boek of tijdschrift. Ik word geraakt door landschappen die door hun specifieke kwaliteiten, zoals een transparante of dekende textuur, gemakkelijk kunnen worden omgezet in materialen met analoge kwaliteiten."

"Ik vond dit beeld in een boek over Spanje. Wat me aantrok, is de kenmerkende manier waarop de ruimte gedefinieerd wordt; niet door een traditioneel perspectief, maar door de opeenstapeling van kleur- en textuurvlakken van onder naar boven."

"Toen ik begon met schilderen, haalde ik mijn inspiratie voornamelijk uit de Prerenaissance en niet-Europese kunstvormen, waarin eenvoud en decoratie belangrijk zijn. Het werk van Henri Matisse bevalt me dan ook zeer; omdat hij precies die invloeden omarmt. Het recentere werk van de Amerikaan Edward Hopper, met zijn bedrieglijk bescheiden doel om zonlicht op de zijkant van een huis te schilderen, heeft me geleerd hoe belangrijk licht en schaduw zijn in het scheppen van reliëf op een plat oppervlak en in het aangeven van sfeer."

Spaans landschap met een bomenrij door **Lydia Bauman** gemengde technieken op MDF **122 x 122 cm.**

"Ik krijg inspiratie uit kunst waarbij de nadruk ligt op eenvoud en decoratie."

Compositie

"Ik gebruik liever een vierkant formaat dan de gebruikelijke horizontale recht-hoek, omdat die ruimtelijk gemakkelijker in te richten is en omdat het de beschouwer uitnodigt het schilderij niet alleen als een tafereel te beschouwen, maar ook als een op zichzelf staand object. Ik laat opzettelijk zo veel mogelijk lucht weg om nadruk te leggen op het land en zo de aandacht te vestigen op de textuur van het schilderij."

"Alleen de bomen op de voorgrond, waarvan de compactheid duidelijk is aangegeven door licht en schaduw, geven een gevoel van drie dimensies aan wat anders een volledig plat schilderij zou zijn. Het is deze dialoog tussen de realiteit van de driedimensionale wereld en het tweedimensionale plaatje die het ware onderwerp van al mijn schilderijen vormt."

gulden regel

Prerenaissancestijlen

Halverwege de 15e eeuw raakten schilders gefascineerd door perspectief. Daarvoor hielden kunstenaars zich meer bezig met motieven en hun betekenissen, en met het scheppen van een beeld dat decoratief en bekoorlijk was. Sierlijkheid en har-monie waren het resultaat van de intuïtie van de kunstenaar en niet van een mathematisch schema. Lydia's werk heeft veel gemeen met deze vroege kunststijl; haar werk is op een geheel eigen manier aantrekkelijk, zonder alleen maar een kopie van een tafereel uit de natuur te zijn.

Lydia schildert vaak landschappen met een hoog gezichtspunt of heuvels met heel weinig lucht. Hierdoor kan ze zo veel mogelijk aandacht besteden aan de textuur van het land.

Het beeld bestaat uit een serie horizontale vlakten. Hoewel de bergen in de verte, in overeenstemming met de perspectief-regels, blauwer zijn dan de voorgrond en het middengebied, heeft dit meer te maken met de oorspronkelijke kleuren van het landschap dan met een poging om de heuvels meer naar de achtergrond te dringen. Lydia wil ons ten alle tijde laten weten dat het hier om een schilderij gaat en niet om een echt landschap.

Kleur

"Groen is mijn minst geliefde kleur – lastig voor een landschapschilder! Het is mijn ervaring dat groen precies goed moet zijn, anders ziet het er meteen verkeerd uit. Het vinden van een goede natuurgetrouwe kleur is echter wel het laatste waar ik me mee bezig wil houden. Ik permitteer me liever vrijheden met kleuren en vind het belangrijker dat het geheel esthetisch klopt."

"Ik gebruik altijd pigmenten die in water oplosbaar zijn, omdat mijn techniek dat vereist. Ik meng poederverf met was of acryl en gouache of aquarel met kalk. Mijn favoriete kleuren omvatten enkele (niet allemaal even) pure pigmenten die ik jaren geleden heb gekocht op een markt in India. Ze zijn heel intens van kleur en zitten in goedkope plastic potjes die ik ook in India heb gekocht.

Het schilderspalet

Omdat Lydia haar eigen verf maakt, is het onmogelijk om op te noemen wat ze gebruikt. Ze voegt allerlei kleuren toe aan was, hars en andere mediums. Soms gebruikt ze materialen uit de bouwmarkt, zoals bitumen en potjes imitatiegraniet (zie volgende bladzijden).

Lydia mag dan niet van groen houden, ze heeft wel enkele prachtige kleuren groen in dit schilderij verwerkt. De heldere, lichte groen op de voorgrond trekt onze blik er steeds opnieuw naartoe, evenals het violetblauw op de achtergrond, zodat onze ogen voortdurend heen en weer gaan.

feiten

Het gebruik van pigmenten

Zuivere pigmenten koopt u bij een winkel in kunstenaarsbenodigdheden. Ze worden gebruikt om verschillende soorten verf mee te maken. Een traditioneel medium is eitempera, gemaakt van verse eidooier – hoe verser, hoe beter. Dit voegt u toe aan vermalen pigment. Omdat ei niet oplosbaar is, is eitempera een zeer duurzaam materiaal en veel middeleeuwse schilderijen zijn daar het bewijs van. Ook andere mediums kunnen aan pigmenten worden toegevoegd, bijvoorbeeld Arabische gom aan waterverf, lijnzaadolie of zelfs gesmolten bijenwas aan olieverf. Lydia voegt zelfs pigment aan kalk toe.

"Ik permitteer me allerlei vrijheden met kleur."

Werkwijze

"Ik schilder uitsluitend in mijn atelier. Ik gebruik een foto als geheugensteuntje en als het begin van een rigoureus proces van vereenvoudigen en omgooien van de compositie. Soms is de foto al een 'Bauman' en zijn grote veranderingen niet nodig, maar dit komt zelden voor. Bovendien, het opnieuw indelen en vereenvoudigen is nu juist zo'n bevredigend klusje."

"De media die ik gebruik komen zelden uit een winkel voor kunstenaarsbenodigdheden, ook al zijn daar heel handige textuurgels verkrijgbaar. Ik koop zakken polyesterplamuur bij de doe-het-zelfwinkel en meng de plamuur met mijn pigmenten. Mijn MDF-panelen besmeer ik hiermee op een frescoachtige manier. Ik gebruik ook dakbedekking bitumen, blikken namaakgraniet en andere bouwmaterialen. Bij leveranciers van beeldhouwmaterialen vind ik de hars die ik gebruik voor weer andere texturen, evenals verschillende soorten was. Was kan licht zowel absorberen als reflecteren en dat werkt enorm goed om de subtiliteit van een landschap over te brengen."

"Van mijn reizen naar alle windstreken neem ik zand mee, dat ik weer verwerk in de schilderijen over die plaatsen. Het verbaast me altijd weer hoe anders zand er uitziet op een paneel in een atelier in Londen dan op de oorspronkelijke plaats. Het is onvoorstelbaar hoe verschillend van kleur en textuur zand kan zijn, afkomstig uit Cuba, Jamaica, Spanje of de Negev-woestijn ..."

techniek

Het creëren van textuur

Er zijn allerlei manieren om aantrekkelijke texturen in een schilderij te creëren, vooral met gemengde technieken. Lydia geeft haar verf meer structuur door er polyesterplamuur, was, gel en verschillende textuurmediums aan toe te voegen. Met behulp van acryl modelleerpasta krijgt ze ook meer structuur. De verdikte verf brengt ze met een spatel of penseel aan, laat ze met rust of bewerkt ze met een lijmverdeler, stalen kam of zelfgemaakte kartonnen kam. Indrukken maakt ze met verfrommeld aluminiumfolie, een muntje of een ander voorwerp.

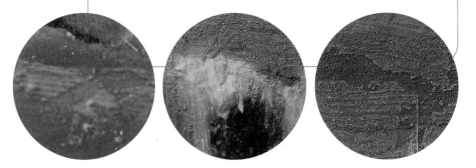

Lydia gebruikte een scherp voorwerp, misschien de achterkant van een penseel, om textuur aan te brengen in de bomen en bosjes in het midden. Deze techniek staat bekend als graffito.

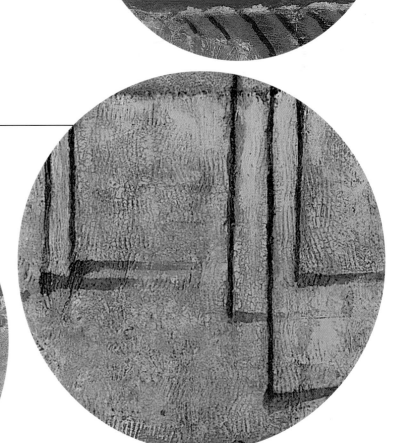

Meestal brengt Lydia haar materialen aan met een plastic spatel. Om extra textuur aan te brengen, zoals in de aarde op de voorgrond, gebruikt ze de zaagvormige kant van een lijmverdeler; deze wordt vaak gratis geleverd bij sommige soorten lijm.

Met gewone, nogal goedkope, no-nonsense penselen tamponneert Lydia textuur in de bomen op de voorgrond. Deze techniek geeft een expressief en bevredigend resultaat.

LANDSCHAPPEN
GEMENGDE TECHNIEKEN

Andie Clays krachtige en opwindende schilderijen zijn gebaseerd op de werkelijkheid, herinneringen en fantasie. Vaak zijn ze, zoals de schilderijen die hier getoond worden, uitwerkingen van schetsen van het veranderlijke, oude gebied rond North Pembrokeshire in West-Wales, vlak bij Andies huis. Deze schetsen werkt Andie uit in haar atelier, terwijl ze probeert om de ziel van de plaats en haar emotionele reactie daarop weer te geven.

Carn, storm op komst is een impressie van Garn Fawr, een fort uit de IJzertijd. Het fort rijst steil op boven de kust en "is vaak beschreven als de getande rug van een draak". Dit opmerkelijke landschap is gevormd door vulkaanuitbarstingen in vroeger tijden. Andie, die deze plaats vaak bezocht heeft, vindt de ontstaansgeschiedenis erg belangrijk. "Ik wilde een gevoel van rusteloosheid, van iets broeierigs onder de aardkorst overbrengen, bijna alsof er een nieuwe eruptie op komst zou zijn. Ik wilde mijn gevoelens over de bijna beangstigende kracht van de natuur en zijn altijd veranderende contrasten, harmonie en disharmonie uitdrukken. Op een milde zomerdag laat een plaats als deze een ander gezicht zien dan midden in de winter. Maar bij storm en regen ga je een dergelijke kracht waarderen."

Carn, storm op komst door **Andie Clay** gemengde technieken op papier **72 x 90 cm.**

Compositie

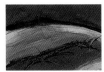

"Ik wilde een gevoel van 'boven op de wereld zitten' overbrengen, van een eindeloze blauwe lucht en land dat verdwijnt in de verte. Uitgangspunt waren de vormen en patronen van de natuur. Ik heb geëxperimenteerd met een verhoogd gezichtspunt om het gevoel van 'zweven boven het aardoppervlak' te creëren. De heuvels op de achtergrond heb ik geaccentueerd en vereenvoudigd om de achtergrond in evenwicht te brengen met de sterke curve van de aardkorst. Het bos rechts geeft hoogte aan de compositie als geheel. De sterke diagonaal van het pad trekt de blik in het schilderij en vormt een sterk contrast met het netwerk van schapensporen, die ik heb neergezet als een abstract, zwevend patroon. Ik heb opzettelijk niet geprobeerd om deze sporen te 'gronden'."

Gouden weg **Andie Clay** gemengde technieken op papier **72 x 90 cm.**

gulden regel

Het gebruik van paden of sporen

Sommige kunstenaars houden hun landschappen liever vrij van sporen van menselijke bewoning, zoals hoogspanningskabels, hekken, geparkeerde auto's, wegen en soms zelfs gebouwen. Landbouwgrond is meestal wel acceptabel. Deze elementen kunnen echter veel impact en betekenis geven aan een schilderij. De aanwezigheid van de mens wordt zowel positief als negatief zichtbaar. Wat de compositie betreft, leiden ze de blik dieper in het schilderij, zoals in *Gouden weg*. Of ze sluiten de blik in aan de randen en voorkomen zo dat de ogen afdwalen van het hoofdonderwerp.

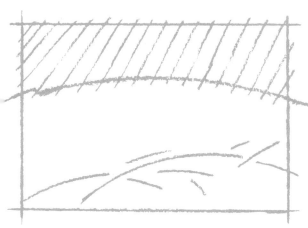

Andie zet de aardbreuk diagonaal op de voorgrond, zodat de blik omhoog wordt geleid naar de glooiende lijn. "Hierdoor schieten de ogen zigzaggend heen en weer." Ze gebruikte donkere, sterke tonen in het bovenste deel om de ogen vast te houden in het schilderij.

"Om een gevoel van enorme kracht en onrust onder het aardoppervlak te creëren, experimenteerde ik met de positie van de vulkaan. Ik heb hem iets uit het midden geplaatst, waardoor de bocht in de aardkorst geaccentueerd wordt. De stormachtige lucht benadrukt de sfeer die ik wilde creëren en zorgt ervoor dat de vulkaan prominent aanwezig is in het bovenste deel van het schilderij."

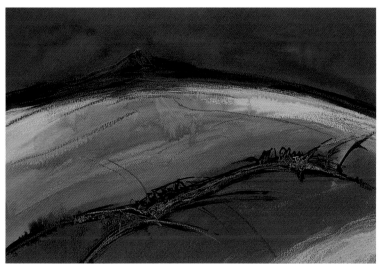

"Ik wil een soort spons zijn, die zijn omgeving absorbeert voor inspiratie. Maar ik wil niet werken met fotografische precisie of de kleuren natuurgetrouw weergeven."

Kleur

Andie heeft een grote verzameling materialen, van uit-eenlopende kleuren. Ze gebruikt zelden kleuren recht uit de pot of tube, maar mengt ze liever zelf. Ze denkt zorgvuldig na over kleuren en gebruikt vaak zwart; niet om te mengen, want dat maakt kleuren troebel maar als achtergrond voor felle kleuren of ze brengt pastels aan over zwarte inkt zoals in *Gouden weg*.

cadmiumgeel

cadmiumoranje

cadmiumrood

ultramarijn

ceruleumblauw

sienna gebrand

Het schilderspalet

Andie gebruikt een enorme collectie kleuren, merken en materialen. Pastels van Rowney, Rembrandt, Sennelier en Unison; acrylinkt van FW en Magic Colour; acrylverf van Liquitex, Rowney, Winsor & Newton en Golden paints; gouache van Winsor & Newton; en kunstenaars-aquarel van St. Petersburg, die in grote blikken wordt geleverd, voor grote kwasten en borstels.

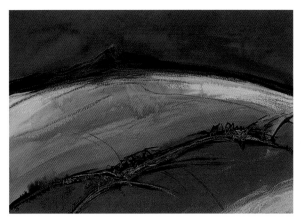

"Mijn palet verandert aan de hand van de sfeer en de gevoe-lens die ik probeer over te brengen. Expressief gebruik van kleuren geeft me totale vrijheid om vanuit mijn geheugen, fan-tasie en ervaring te werken. De enige kleur die zelden voor-komt in mijn landschappen is groen."

"In *Carn, storm op komst* gebruikte ik analoge kleuren voor de lucht en het land. De kleuren paars en geel zijn comple-mentair, maar houden elkaar in evenwicht door een één-op-drieverdeling. Voor de lucht gebuikte ik vooral paarsrode pastels; voor het land gebruikte ik de kleuren rood, geel en oranje en op de vulkaan rood, paars en blauw."

"Mijn werk moet op de eerste plaats gaan over wat ik voel."

"*In Gouden weg* koos ik ook voor analoge kleuren, met turquois, blauw en paars als dominante kleuren. Ik hoopte hiermee een gevoel van ruimte en afstand te creëren. Door dicht bij elkaar liggende kleuren groenblauw, roodpaars en blauwpaars over elkaar aan te brengen, probeerde ik diepte te geven. Het luchtperspectief heb ik genegeerd (kleuren worden zwakker en blauwer naarmate ze verderweg zijn); verre tinten zijn lichter, maar niet minder puur, zoals meestal wel het geval is. Het geel van de weg kwam terug in de horizon, waar goudgele pastel de verandering van land naar lucht markeert."

feiten

Analoge kleuren

Analoge kleuren zijn de kleuren die aan elkaar grenzen op de kleurencirkel: geel en oranje, blauw en paars, enz. Van aangrenzende primaire kleuren kunt u een grote reeks van analoge kleuren mengen. Als u bijvoorbeeld een warm geel, zoals cadmiumgeel, in verschillende verhoudingen mengt met een warm rood, zoals cadmiumrood, verkrijgt u een reeks harmonieuze, analoge kleuren geel, oranje en rood. Hetzelfde gebeurt als u een primaire kleur met een analoge secundaire kleur mengt, al zal de reeks kleuren dan minder groot zijn.

cadmiumgeel   cadmiumrood

"Met mijn werk wil ik de ritmen en energiestromen van de aarde overbrengen, en een indruk geven van de sfeer van een plaats."

Werkwijze

"Het is voor mij essentieel een plaats eerst te leren kennen voor ik er ga schilderen. Regelmatige bezoeken stellen me in staat de vele verschillende stemmingen te leren kennen zodat ik daar mijn eigen gevoelens bij kan ontwikkelen. Dit is van vitaal belang voor de expressieve benadering van mijn werk."

"Ik gebruik een schetsboek voor visuele aantekingen op locatie en soms ga ik ook puur voor mijn plezier zitten tekenen. Ik werk op dik aquarelpapier dat niet opgespannen hoeft te worden, zodat ik snel kan werken en het ene vel na het andere kan gebruiken. Ik werk meestal in series en maak een hele reeks schilderijen over één onderwerp. Dit levert misschien maar één werk op waar ik echt tevreden over ben, maar de fase van experimenteren is heel belangrijk voor me en kan niet overgeslagen worden."

"Ik werk op de grond, mijn tekenbord enigszins schuin voor me. Eerst zet ik de structuur op, meestal met zwarte inkt. Mijn favoriete tekeninstrument is het pipet van flesjes FW-acrylinkt; het geeft eindeloos fascinerende en variërende markeringen. Andere instrumenten die ik regelmatig gebruik zijn ganzenveren, stencilkwasten en ouderwetse kroontjespennen uit het postkantoor, die een prachtige variatie in de breedte van de lijn geven, afhankelijk van de druk die je uitoefent." Daarna brengt Andie vloeibare kleuren aan voordat ze overstapt op de ezel, zodat ze gemakkelijk met pastels kan werken. Soms zet ze schilderijen even weg, om er later met een frisse kijk op terug te komen; dit gebeurt in elk stadium, zelfs wanneer ze denkt dat ze klaar is. "Ik wil mijn werk in alle stadia levendig houden en tot aan de laatste minuut openstaan voor veranderingen."

techniek

Markeringen

Dit is voor een kunstenaar een geweldige manier om zich uit te drukken. Studenten en ervaren kunstenaars kunnen veel leren van het bestuderen van verschillende markeringen. De specifieke gereedschappen, zoals houtskool, pastelkrijtjes, pen, ballpoint, ganzenveer enz., kunnen rechtop en op de zijkant gebruikt worden of achteruit-, vooruit- en opzijgetrokken worden, en met veel of weinig druk gebruikt worden. Met deze nieuw ontdekte markeringen kunnen de textuur, het gewicht of de aard van het onderwerp worden weergegeven. Ook kunnen ze de stemming en emoties van de kunstenaar overbrengen.

kroontjespen

Aan het eind werkte ze met pastel om het strenge zwart van de breuk in de aarde te verzachten en om meer detail en kleur aan te brengen. Op sommige plekken wreef ze de pastel uit, elders gebruikte ze de vegende lijnen juist voor meer structuur.

Andie begon met het belangrijkste; het silhouet van de vulkaan. Daarna werkte ze de stormachtige lucht uit in aquarel en acrylinkt.

De voorgrond kwam tot stand met analoge aquarel en inkt, nat-op-nat gebruikt om interessante effecten, patronen en texturen te creëren. De zwarte inkt op de aardbreuk is hier overheen aangebracht.

acryl

LANDSCHAPPEN ACRYL

Frank Bentley is volledig autodidact en begon pas na zijn veertigste met schilderen. Daarvoor werkte hij als technicus en antiekhandelaar. Hij wordt meestal tot de naïeve school van Britse schilders gerekend. Hij schildert vanuit zijn gevoel en probeert "de toestand van geluk en onschuldig welbevinden die meestal voortleven in de herinneringen uit de kindertijd opnieuw te ontdekken". Zijn schilderijen zijn niet naar het leven geschilderd, noch op de bewuste verbeelding gebaseerd, ze komen uit zijn onderbewuste.

Vier gespikkelde koeien
acrylverf op board
61 x 61 cm.

Drie velden, vier paarden
acrylverf op board
56 x 61 cm.

Het meer
acrylverf op board
66 x 63.5cm.

Zes gevlekte koeien in een veld
acrylverf op board
61 x 61cm.

door Frank Bentley

Compositie

"Mijn composities voor landschappen beginnen met lijnen. Vaak is dat een warboel van zwarte getekende ballpoint lijnen op een A4-papier. Zonder te kijken of zelfs met gesloten ogen krabbel ik wat lijnen op het papier. Op deze manier komt mijn inspiratie op gang. Net zoals we kijken naar de wolken in de lucht waarin we vormen van mensen en dieren zien, kijk ik naar mijn warboel van lijnen en probeer daarin een landschap te ontdekken. Door lijnen te gebruiken als contouren van heuvels en andere als markering van velden, meren of vijvers, stel ik een beeld samen."

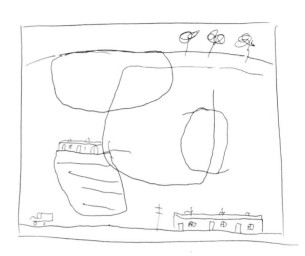

gulden regel

Naïef schilderen

Naïef of primitief schilderen wordt gekenmerkt door het gebruik van felle kleuren, kinderlijk perspectief en eenvoudig onderwerp. Kunstenaars uit deze school negeren trends in de kunst en staan buiten de conventie. Een van de beroemdste naïeve schilders is Henri Rousseau (1844-1910). Zijn bekoorlijke oerwoudschilderijen werden onder meer door de kubisten zeer bewonderd.

"In dit stadium heeft de compositie boven aan de bladzijde geen boven- of onderkant. Ik draai de krabbeltekeningen en bekijk ze van alle kanten. Ik tuur naar het netwerk van lijnen, op zoek naar een verborgen compositie die een interessant beeld zou kunnen opleveren. Het werkt niet altijd, veel van deze tekeningen belanden in de prullenmand, maar het is leuk om te doen en opwindend om een eventueel nieuw landschap tussen de krabbels te ontdekken."

Als Frank een landschap ziet in een van zijn krabbeltekeningen werkt hij dat verder uit. Dit gebeurt direct op de schets of hij brengt de contouren over op een ander vel papier om ze daar uit te werken. Let op hoe sterk de compositie van dit schilderij lijkt op de oorspronkelijke schets.

Frank heeft deze oorspronkelijke gekrabbelde schets aangepast en uitgewerkt tot de uiteindelijke compositie (uiterst links). De fundamentele elementen van het schilderij zijn al aanwezig in de schets.

Al Franks composities beginnen met krabbels met zwarte pen, getekend zonder te kijken of met zijn ogen dicht.

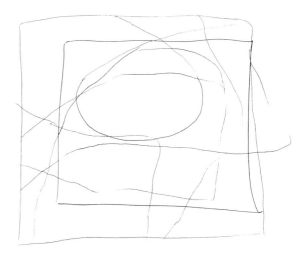

Kleur

Frank gebruikt soms kleuren die passen bij het beeld, zoals in *Het meer,* maar niet altijd. Vaak neemt hij de vrijheid om kleuren uit zijn fantasie te gebruiken die passen bij zijn persoonlijke stijl. "Ik gebruik niet altijd de natuurlijke kleuren maar probeer iets anders, zoals in *Drie velden, vier paarden.*"

Het schilderspalet

Frank gebruikt een klein palet, van geel, purper, ultramarijn, ceruleumblauw, donkerviolet, titaanwit en Paynesgrijs of zwart. "Andere kleuren, groen bijvoorbeeld, meng ik liever zelf op mijn palet dan ze kant-en-klaar te kopen." Hij gebruikt meestal Daler Rowney Flow Formula Acryls.

"Omdat mijn schilderijen voornamelijk voortkomen uit mijn verbeelding kan ik me met mijn kleurgebruik vrijheden permitteren."

permanent geel

alizarine karmijn

ultramarijn

ceruleumblauw

donkerviolet

Paynesgrijs

Marszwart

permanent geel   ceruleumblauw

permanent geel   ultramarijn

alizarine karmijn   ceruleumblauw

Over blauw

Ultramarijn was een van de eerste blauwen. Het werd verkregen uit de halfedelsteen lapis lazuli en was daarom zo duur dat alleen de rijken en de Kerk het zich konden veroorloven. De kleur werd geassocieerd met de heilige maagd Maria en werd vaak gekozen voor haar kleding. Omdat het zo'n kostbare kleur was, gebruikten kunstenaars het vaak puur. Vandaag de dag hebben kunstenaars prachtige blauwen tot hun beschikking, waaronder het schitterende, dekkende, groenblauwe ceruleum. Phtaloblauw is ook groenig en intens, maar transparant; kobalt is een goed middelblauw. Ultramarijn wordt tegenwoordig kunstmatig geproduceerd. Het is het enige echte violetblauw en daarom zeer popuair.

feiten

Heldere kleuren mengen

Het mengen van kleuren is niet zo eenvoudig als op school beweerd wordt. Zo maar een blauw gemengd met zomaar een geel levert misschien helemaal niet het groen op dat u nodig hebt. Voor een goed, helder groen gebruikt u een groenig geel, zoals citroengeel, en een groenig blauw, zoals ceruleumblauw. Op die manier verkrijgt u een erg groene tint. Met violet werkt het hetzelfde: meng een violetrood, zoals quinacridone violet, met een violetblauw, zoals ultramarijn. Als het niet lukt om een gewenste kleur te mengen, moet u misschien investeren in een nieuwe kant-en-klare kleur.

Werkwijze

Frank schildert op canvas of MDF. Hij begint met een houtskool- of pentekening die hij uitwerkt met verf. Soms laat hij de tekening onbedekt in het uiteindelijke schilderij, "waardoor het schilderij lijkt op een geschilderde tekening".

Frank mengt zijn verf vaak met vulmiddel. "Daar zit een verhaal aan vast. Doordat ik ongeduldig ben en snel resultaat wil zien, en bovendien nogal snel schilder, gebruik ik acrylverf omdat die snel droogt. Een nadeel van acrylverf is echter de plasticachtige glans, die zelfs met matte vernis niet weg te krijgen is. Ik vind de matte, kalkachtige glans van olieverf dan ook veel mooier, maar helaas droogt olieverf te langzaam. Ik probeerde eens wat uit en ontdekte dat vulmiddel vermengd met acrylverf een matte glans opleverde die bijna exact hetzelfde was als die van olieverf. Bovendien gaf het vulmiddel textuur en substantie aan de verf, wat ik ook mooi vind."

"Het nadeel van dit mengsel is dat mijn penselen er vol mee gaan zitten, waardoor ze niet lang meegaan. Om deze reden gebruik ik heel goedkope varkensharen kwasten voor grote stukken en kleine marterharen penselen voor de details. Ik gebruik ze ook nogal eens als borstels, wat hun conditie niet ten goede komt!"

techniek

Houtskool en acrylverf

Houtskool en acrylverf vormen een geweldige combinatie. Om beide zichtbaar te houden in een schilderij, zoals bij Franks werk, gebruiken kunstenaars dunne verf, zoals aquarel of gouache. De houtskoollijnen kunnen ook worden overgetekend, halverwege of aan het eind van het werk, om ze nog eens te versterken en eventueel gebieden opnieuw te definiëren.

Frank begint met een ondertekening in potlood of houtskool, die vaak zichtbaar blijft in het uiteindelijk resultaat.

techniek

Alkydverven

Frank bedacht zelf een medium om de textuur en droogtijd te krijgen die hij nodig had. Er worden voortdurend nieuwe verfsoorten geproduceerd, die misschien precies zijn wat u zoekt. Voor kunstenaars met haast zijn de nieuwe alkydverven een alternatief voor olieverf. Ze lijken op olieverf, maar drogen in een dag of twee. Gemengd met olieverf versnellen ze het droogproces. Ze zijn ook geschikt als onderlaag; door olieverf alleen te gebruiken voor de bovenste lagen, droogt het werk een stuk sneller.

Door vulmiddel te mengen met zijn verf krijgt die een matte, kalkachtige glans, zoals bij olieverf.

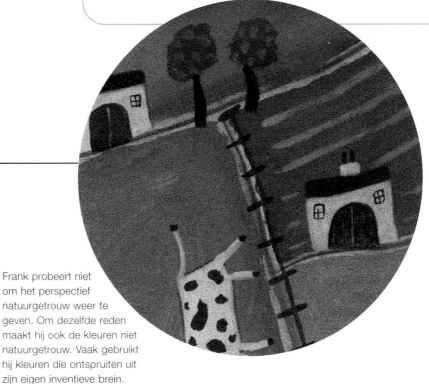

Frank probeert niet om het perspectief natuurgetrouw weer te geven. Om dezelfde reden maakt hij ook de kleuren niet natuurgetrouw. Vaak gebruikt hij kleuren die ontspruiten uit zijn eigen inventieve brein.

In dit rustige tafereel ligt alle romantiek van Italië besloten, met een blauwe lucht, frisse groene velden en oude gebouwen. Het is net of we de huizen toevallig tegenkwamen op een wandeling, terwijl we op zoek waren naar een plekje om te picknicken of rustig te lezen. David Evans viel echter niet op deze plek vanwege de pittoreske uitstraling, maar vanwege de kleuren en vormen. "Ik raakte geïnspireerd door dit tafereel in de bergen van Toscane vanwege de mooie lichtval op het roze en geel van de gebouwen. De hoge bomen daarachter vormen een prachtig contrast en geven een zekere spanning aan het verder kalme, vredige tafereel."

Toscaans landschap door **David Evans** acrylverf op board **25,5 x 20 cm.**

Compositie

David werd getroffen door de verschillend gevormde bomen die een gevoel van beweging en diepte geven – hij wist dat dit een goed schilderij zou opleveren. Hij viel ook op het contrast tussen de harde, sterke vormen van de bomen en gebouwen, en het zachte, ongecompliceerde veld op de voorgrond. "De compositie werd geïnspireerd door hoe de vormen op de voorgrond contrasteerden met het patroon van hoekige gebouwen." Om deze twee gebieden in evenwicht te brengen, gaf David meer ruimte aan het 'lichte' veld en de lucht dan aan de 'zware' gebouwen en bomen.

In een meer voor de hand liggende compositie waren de gebouwen in het midden van het doek geplaatst, zoals bij een foto; er is niets om op te focussen in het veld op de voorgrond. Davids compositie is echter veel beter, omdat er hierdoor beweging en verrassing ontstaat. Door de gebouwen in de linkerbovenhoek te duwen, laat hij ons turen naar het schilderij alsof we verwachten dat we om de hoek kunnen kijken.

Het in een hoek plaatsen van de gebouwen en bomen geeft bovendien meer rust, door het grootste deel van het beeld te reserveren voor het simpele groen en de lucht. Niet iedere kunstenaar kan dit echter zomaar proberen. Deze compositie is mede geslaagd doordat David met veel expertise de subtiele vormen en kleurverschillen van de wilde planten en bloemen op de voorgrond heeft overgebracht.

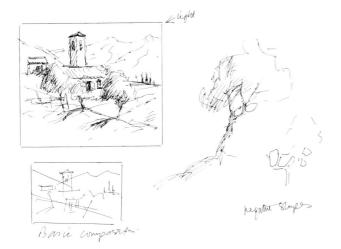

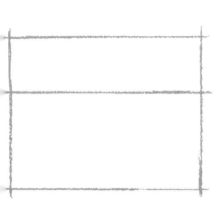

David plaatst de horizon op ongeveer twee vijfde vanboven, in plaats van de meer gebruikelijke een derde vanboven. Hij perst de meeste activiteit in slechts een vijfde van het schilderij. Hierdoor blijft de beschouwer nieuwsgierig.

Het veld op de voorgrond bevat heel subtiele contrasten. De weerkaatsing van de zon op de muren en de diepe schaduwen van de bomen zorgen voor veel sterkere contrasten. Dit geeft de gebouwen en bomen een veel dichter, 'zwaarder' gevoel.

Door het aandeel van de gebouwen en bomen in het schilderij te beperken, creëert David een evenwichtig, rustig gestemd beeld. Het lichte, verzachtende gebied van de lucht en het veld biedt tegenwicht aan de drukke, donkere partij van de gebouwen.

gulden regel

Tussenvormen

Alleen kunstenaars zijn zich bewust van zogenaamde tussenvormen: de vormen rond en tussen objecten, bijvoorbeeld de ruimte tussen een kan en zijn handvat, de ruimten tussen de spaken van een wiel of die tussen een boom op een schilderij en de lijst daaromheen. Kunstenaars kijken goed naar deze ruimten als ze een object accuraat willen weergeven. In plaats van een boomstam te tekenen, tekenen ze de ruimten tussen de twijgen, takken en stam, zodat er uiteindelijk een silhouet van een boom staat. Dit is met name een goede oefening om te leren tekenen.

Kleur

David gebruikt een nogal compact basispalet met alles wat hij nodig heeft om de meeste onderwerpen te reproduceren. Zoals de meeste kunstenaars laat hij kleuren weg of voegt hij er nieuwe aan toe als hij aan een serie schilderijen werkt. Soms gebruikt hij een beetje van een bepaalde kleur als een schilderij daarom vraagt.

Het schilderspalet

"Voor deze serie gebruikte ik voornamelijk vaaltitaangeel, chroomoxydrood, sienna, Napelsgeel, cadmiumgeel licht, cadmiumrood, kobaltblauw, ultramarijn, Paynesgrijs en titaanwit."

vaaltitaangeel

sienna naturel

cadmiumrood

chroomoxyderood

kobaltblauw

Frans ultramarijn

Paynesgrijs

cadmiumgeel licht

Napelsgeel

chroomoxydrood   sienna naturel

kobaltblauw   Napelsgeel

cadmiumgeel licht   ultramarijn

feiten

Over ijzeroxide

Een aantal warme roestbruinen wordt gemaakt van synthetische of kunstmatig geproduceerde ijzeroxiden. Deze kleuren lijken op de aarde-kleur sienna gebrand, maar zijn meestal minder transparant en soms roder of rozer. Marsrood en -bruin behoren tot deze groep, evenals Indisch-, Venetiaans- en chroomoxydrood. Al deze kleuren zijn betrouw-baar en zeer lichtecht.

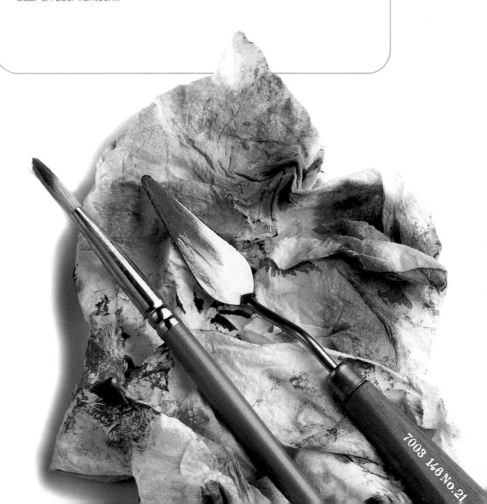

Werkwijze

"Ik prepareer mijn board of doek met een dunne wassing vaaltitaangeel. Als deze laag droog is, begin ik met het invullen van de basisvormen. Voor de lijnen gebruik ik de rand van een plastic kaart en voor de bredere vormen een opgerolde theedoek."

   "Daarna bouw ik vormen van kleur op met een schildersmes, waarvoor ik mijn acrylverf eerst een beetje plakkeriger laat worden." Bij de uitwerking van het schilderij gebruikt David vaak een mat vernismedium. Hiermee creëert hij mooie doorzichtige glaceringen, waarmee hij zijn kleuren kan verdiepen en verrijken. Soms verhoogt hij de kleuren voor speciale effecten, zoals weerkaatst licht.

"De beste manier om acrylverf op te brengen, is de ouderwetse methode van glaceren met wassingen."

(David Hockney, geboren in 1937)

techniek

Schilderen met gevonden voorwerpen

Het gebruik van andere instrumenten dan penselen en messen kan een heel nieuw aspect geven aan het schilderij. Gaandeweg kunnen er ook levendige markeringen ontstaan die, soms toevallig, perfect de gewenste vorm creëren. David gebruikt de rand van een plastic kaart voor het aanbrengen van sterke, scherpe, lineaire markeringen, maar kunstenaars kunnen alles proberen. De dop van een tube verf, bijvoorbeeld, kan precies geschikt zijn voor vruchten in een boom en met een punt van een boterhamzakje kan een vliegende vogel worden weergegeven.

David gebruikt de hoek van een plastic kaart om lineaire markeringen aan te brengen, bijvoorbeeld voor de hoek van een gebouw of de schaduwen onder de takken.

Door de verf een beetje droog en plakkerig te laten worden, creëert David prachtige, rijke texturen.

Door dicht bij elkaar liggende kleuren groen op de voor-grond te zetten, zorgt David dat het veld levendig genoeg blijft om onze belangstelling vast te houden, zonder het rustige effect te verliezen.

pastel

LANDSCHAPPEN PASTEL

"Ik heb mijn hele leven in Noord-Wales gewoond. Het landschap daar inspireert me zo dat ik nooit ergens anders schilder; er speelt zich genoeg voor mijn deur af. Een goede weersvoorspelling is meestal alle inspiratie die ik nodig heb. Goed weer betekent voor mij alles, harde wind en regen kunnen daarentegen erg ontmoedigend zijn. Diffuus, waterig licht maakt zozeer deel uit van het klimaat van Wales dat de mensen hier niets anders meer verwachten."

"Landkaarten zijn ook een inspiratiebron. De beeldende plaatsnamen roepen herinneringen op aan expedities en overwinningen uit het verleden. Mijn hoofd zit vol sluimerende gedachten aan verre heuvels en boerderijen. Alleen al de geur van een landkaart kan het zachte pitje van die gedachten aanwakkeren tot een brandend verlangen om te schilderen."

Boven **Lucht bij Moelwyn** pastel op board **43 x 58 cm.**
Midden **Llyn Brenig** pastel op board **46 x 61 cm.**
Onder **Druïdencirkel** pastel op board **41 x 56 cm.**
door Alwyn Dempster Jones

"Alleen al de geur van een landkaart wakkert mijn verlangen om te schilderen aan."

Compositie

gulden regel

Diagonale verdelingen

Diagonale lijnen geven een schilderij energie en impact; ze geven een dramatisch effect dat niet met horizontale lijnen bereikt kan worden. Let op hoe rustig en tijdloos *Druïden cirkel* is vergeleken met *Lucht bij Moelwyn,* dat geladen is met energie. Diagonalen suggereren ook beweging; we weten dat een object op een schuin oppervlak gaat bewegen, terwijl het op een recht oppervlak blijft staan. In *Lucht bij Moelwyn* weten we dat het object niet kan bewegen. Hierdoor wordt het gevoel van beweging onbewust overgebracht op de wolken.

"Op een herfstdag zwierf ik tussen de spectaculair oprijzende bergen van het leistenen dorp Blaenau Ffestiniog. Ik had al een paar gedetailleerde studies gemaakt van de met korstmos bedekte leisteen, toen er wat beweging ontstond in de middaglucht. De zakkende zon had de bergen in een donkere massa veranderd, waardoor de wolken in de strak blauwe hemel kleur en subtiliteit kregen."

Alwyn vond dit gezichtspunt zo boeiend dat hij het wilde 'vangen' op papier. "Ik verdeelde het papier van links naar rechts in twee ongelijke delen om spanning te creëren. De wolk is het belangrijkste element, dus die domineert de compositie; de glooiende vorm suggereert beweging. De berg zal er altijd zijn –hij staat op de kaart en beweegt niet–, maar de verschijning van de wolk was eenmalig; hij is voor altijd verdwenen."

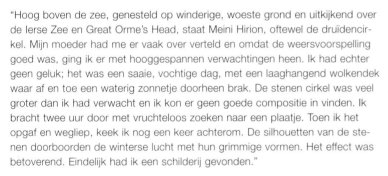

"Hoog boven de zee, genesteld op winderige, woeste grond en uitkijkend over de Ierse Zee en Great Orme's Head, staat Meini Hirion, oftewel de druïdencirkel. Mijn moeder had me er vaak over verteld en omdat de weersvoorspelling goed was, ging ik er met hooggespannen verwachtingen heen. Ik had echter geen geluk; het was een saaie, vochtige dag, met een laaghangend wolkendek waar af en toe een waterig zonnetje doorheen brak. De stenen cirkel was veel groter dan ik had verwacht en ik kon er geen goede compositie in vinden. Ik bracht twee uur door met vruchteloos zoeken naar een plaatje. Toen ik het opgaf en wegliep, keek ik nog een keer achterom. De silhouetten van de stenen doorboorden de winterse lucht met hun grimmige vormen. Het effect was betoverend. Eindelijk had ik een schilderij gevonden."

"Ik merkte dat ik me concentreerde op het gebied achter de stenen, op het sterke, heldere licht van de ondergaande zon. Door me te concentreren op de lucht, was het oorspronkelijke aandachtspunt gereduceerd tot donkere, simpele vormen die uit de donkerbruine aarde oprezen. De wind was gaan liggen, zoals zo vaak gebeurt aan het einde van de dag, en de stenen maakten een stille, eenzame indruk. Mijn benadering van het schilderij was in dit stadium nogal direct. Terwijl de tijd langzaam verstreek, maakte ik wat snelle aantekeningen over de stemming die ik wilde scheppen, wat schetsen van de stenen en een paar kleine, gedetailleerde studies van de wolken."

Kleur

De kleuren van de lucht in Wales zijn meestal zacht en subtiel.
Alwyn overdrijft hier niet, maar houdt ze zacht, gedempt en
realistisch. Zijn kleurnotities langs de rand van zijn schetsen
(zie vorige bladzijde) laten zien dat de kleuren die hij koos zeer
beperkt zijn, waardoor het geheel harmonieus blijft.

Kleuren mengen

Pastels verschillen in zoverre van andere
materialen dat ze niet gemengd kunnen worden. Het is wel mogelijk om kleuren over
elkaar aan te brengen, zodat er tot op zekere
hoogte toch een menging ontstaat. Dit betekent echter dat u meer kleuren zult moeten
aanschaffen. Als u met andere materialen
werkt, hoeft u bijvoorbeeld de kleur grijs niet
aan te schaffen, omdat die gemakkelijk
gemengd kan worden (zie blz. 63), maar wanneer u landschappen schildert met pastel, zult
u zeker een aantal grijstinten nodig hebben.

"Bij helder, fel licht lijkt Llyn Brenig op een kartelig stuk spiegel dat uit de lucht
op een bed van donkere heide is gevallen. In deze spiegel worden een paar
precieze witte of grijze lijnen weerspiegeld. De voorgrond is bewerkt met subtiele gradaties licht- en donkergrijs."

Het schilderspalet

De meeste kunstenaars die met pastel werken, bezitten een enorme serie kleuren en Alwyn vormt in dit opzicht geen uitzondering. Hij gebruikt meestal pastelpotloden; deze zijn in veel minder kleuren verkrijgbaar dan zachte pastelkrijtjes. "Het pastelkrijt is in een houten potlood verwerkt en voorzien van een nummer. Het potlood kan geslepen worden om het werk meer details te geven."

Voor deze schilderijen gebruikte Alwyn pastelpotloden uit twee verschillende series (Conté en Schwan Stabilo Carb Othello). Meestal gebruikt hij pastelpotloden van drie merken: Conté omdat ze zo zacht en daardoor goed te mengen zijn; Schwan Stabilo Carb Othello omdat ze "uitermate geschikt zijn voor details (vooral bruin 635 en groen 585, ideaal voor het gras in Wales)"; en Relex Derwent, met name de chocoladekleur. Verder maakt hij gebruik van Rotring-tekenpennen met een dunne punt en zwarte inkt of een extra dunne punt en paarse inkt.

"Voor *Lucht bij Moelwyn* had ik een instrument nodig dat ruwer en minder verfijnd zou zijn dan mijn gebruikelijke pastel. Ik wilde de bergen een messcherpe rand geven, die als het ware in de ijsblauwe lucht snijdt, en nam daarvoor mijn toevlucht tot een pen en inkt." Daarnaast gebruikte hij pastel om het subtiele licht van de zonsondergang mee weer te geven: het warme, vervagende licht dat aan de onderkant van de wolken zichtbaar is en de bergtoppen bijna lijkt te 'kussen'.

Werkwijze

Alwyn maakt meestal schetsen en gedetailleerde studies van wolken, stenen en rotsen op locatie. In zijn atelier begint hij aan het schilderij. Hij werkt altijd met kwaliteitsboard met een glad oppervlak, zodat hij er direct op kan schilderen. Hierop kan hij gemakkelijk kleuren mengen.

Bij *Druïdencirkel* maakte Alwyn eerst een ondergrond van aquarelverf, alvorens de pastel laagje over laagje aan te brengen. Doordat hij de figuren op de voorgrond zo donker maakte, lijkt het contrast met de lucht des te groter. "De sleutel tot het succes van dit schilderij is het contrast tussen de lichte, amorfe lucht, waarin beweging wordt gesuggereerd, en de solide, bewegingloze stenen die al eeuwen op dezelfde plek staan."

Alwyn begon zijn werk *Llyn Brenig* met de vorm van het meer; de constante factor in de omgeving waarop het hele werk gebaseerd is. Hij bracht rondom het meer een lichte aquarelwassing aan om het onderste deel van het schilderij meer gewicht te geven.

Rechtsonder

Door de kleur op sommige plaatsen te verdiepen en op andere heel licht te houden, schept Alwyn extreme contrasten die bijdragen aan de dramatische en substantiële luchten.

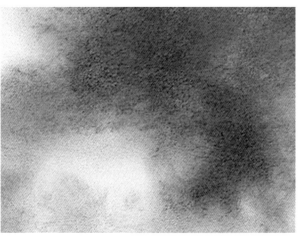

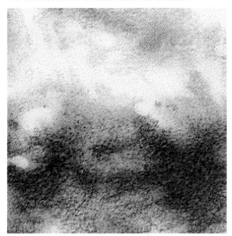

Boven : Alwyn gebruikt pen en inkt om het messcherpe silhouet van de berg, dat de tekening in tweeën snijdt, weer te geven.

Links: door de pastelstrepen zacht uit te wrijven, vangt Alwyn de lichte, amorfe wolken op een manier die bijna niet mogelijk is met een ander medium.

techniek

Pastelpotloden

Het succes van pastelpotloden is toe te schrijven aan hoe ze gebruikt worden. Als er hard op wordt gedrukt, krassen ze in het papier en laten ze diepe sporen na die moeilijk uitgeveegd of gegumd kunnen worden. Dit geeft overigens wel textuur. Als u ze licht gebruikt, hebt u meer controle en kunt u de diepte van de kleur geleidelijk en subtiel opbouwen. Draai het potlood rond en gebruik de punt voor lijnen en de zijkant voor de verdieping en menging van kleuren.

"Dit schilderij is afkomstig van een serie denkbeeldige landschappen of wolkenpartijen. Voor al deze werken maakte ik gebruik van nieuwe pastels van Unison in Northcumberland en de inspiratie kreeg ik door de luchten in het noordoosten van Engeland." De andere elementen van de compositie kwamen voort uit Lionels emotionele en visuele reactie op een bepaald landschap, en zijn interactie met de pastels. "Het idee van het spoor over het waddengebied kwam direct voort uit mijn ervaringen met het lopen over Morecombe Bay bij Cartmel Sands. De sfeer van licht en kleur kwam tot stand door mijn intuïtieve verbondenheid met het aanbrengen en wegnemen van het rijke pigment van de pastels."

Spoor door Lionel Playford pastel op papier **37 x 63 cm.**

"In dit imaginaire landschap stond alles in het teken van de emotie; het schilderij sprak werkelijk tegen me terwijl het ontstond."

Compositie

"Dit schilderij dankt zijn compositie aan de dialoog met andere schilderijen van mijzelf en van andere schilders; met name William Turner en Ivon Hitchensand en, tot op zekere hoogte, de Amerikaanse en Britse abstracte schilders uit de jaren '50 en '60 van de 20e eeuw. Ritme en symmetrie vormen belangrijke aspecten van mijn composities. Er zit een ritme in de vorm en plaats van de kleuren, dat evenveel te maken heeft met het interne ritme van het schilderij als het voorkomen van echte wolken en zandplaten. Dit is te vergelijken met een muzikale compositie. Ik denk dat dit schilderij lijkt op een muzikale improvisatie waaraan een basis ten grondslag ligt, zoals een horizon die vanaf het begin van de compositie min of meer vast ligt of een concept van gevoel en vorm dat je in je achterhoofd houdt, terwijl je aan het werk bent."

Lionel koos een zeer kort en breed formaat, als van een panoramafoto. Dit benadrukt het immense uitzicht en brengt een enorm gevoel van ruimte over. Bedek maar eens een stuk van het beeld, dan ziet u hoe belangrijk dit brede formaat is voor dit schilderij.

gulden regel

In perspectief tekenen

De kunst van het in perspectief tekenen zoals we die nu kennen, kan toegeschreven worden aan één man: de Italiaanse architect Filippo Brunelleschi (1377-1446). Hij bedacht de mathematische middelen om het probleem met perspectief op te lossen (dingen zien er kleiner uit naarmate ze verderweg zijn). Vanaf dat moment waren kunstenaars in staat realistisch te schilderen. Een belangrijke component van perspectief is het gebruik van een verdwijnpunt. Dit is te zien in Lionels schilderij; de evenwijdige lijnen van het spoor komen geleidelijk dichter bij elkaar als ze het verdwijnpunt aan de horizon naderen.

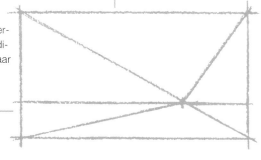

De lijn van de horizon is op een vijfde van onderen geplaatst. Gecombineerd met het aparte formaat van het schilderij versterkt dit de indruk van een open vlakte.

Doordat Lionel heel mooi in perspectief tekent, brengt hij zowel diepte als breedte aan in zijn werk. Let op hoe de wolken op de achtergrond steeds dichter bij elkaar komen; dit geldt ook voor het spoor.

"Tijdens het schilderen kwamen al mijn perceptuele ervaringen met luchten, zandplaten en tekenen en schilderen samen in een spel op een rechthoekig stuk papier."

Kleur

Het is verleidelijk om een enorme collectie pastels aan te leggen en te proberen ze allemaal te gebruiken in een schilderij. Dit kan resulteren in een kakofonie van vloekende of conflicterende kleuren. Lionel heeft een manier op dit te vermijden. "Ik beperkte mezelf bewust tot de kleuren bruin, roze, blauw en grijs, die ik uitkoos voor ik aan het schilderij begon. Hiermee had ik in zeker mate controle over de kleuren." Hij werkte op oranjegeel papier dat zijn keuze voor kleuren beïnvloedde. Dit zet de toon en maakt het schilderij tot een geheel.

Lionel gebruikt graag Unison pastels die "in meerdere opzichten veel beter zijn dan andere merken. De pigmenten hebben subtiele en interessante variaties. De krijtjes hebben de handige vorm van een plat sigaartje en verschillen allemaal een beetje van vorm en grootte, omdat ze handgemaakt zijn. Ik vind het een prettig idee dat ze gemaakt zijn door een vakman; er zit heel veel liefde in die krijtjes. Ze zijn redelijk sterk, en tegelijkertijd glijdt het pigment gemakkelijk en gul van het krijtje."

"Er zit heel veel liefde in die krijtjes."

feiten

Optisch kleuren mengen

Pastel is het ideale medium waarmee u optisch kleuren mengt voor een pointillistische techniek. Bij deze techniek mengt u de kleuren niet van tevoren maar plaatst u bijvoorbeeld kleine hoeveelheden warm rood en geel naast elkaar. Van een afstand ziet dit er uit als oranje; een levendiger oranje dan oranje pigment op zou leveren. Georges Seurat (1859-1891), die deze techniek bedacht, gebruikte stippels, maar u kunt ook kleine streepjes of kruisjes gebruiken.

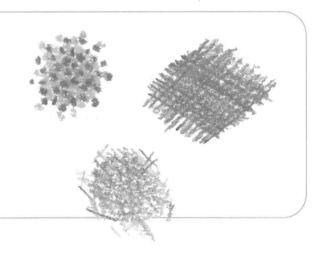

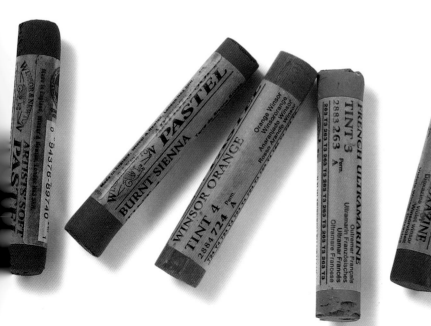

Werkwijze

"Ik breng de pigmenten eenvoudigweg over elkaar heen aan, vaak met de brede kant van het krijtje. Ik smeer, veeg, en gum soms door de lagen heen, soms helemaal tot op het papier." Dit proces wordt steeds herhaald op meerdere plaatsen, zodat de uiteindelijke compositie "slechts een nagelaten spoor is na een lang intuïtief proces van verandering". Lionel vergelijkt dit met processen in de natuur – bijzonder toepasselijk bij zijn onderwerp. "Ik ben van mening dat mijn werkwijze lijkt op de vorming van wolkenformaties en de getijdenstromen, waarbij de vloed de lei twee keer per dag schoonveegt."

"Ik gebruik elk gereedschap dat ik voorhanden heb; vingers (voor elke kleur een andere), katoenen lappen, plastic vlakgom en watten."

Soms gumt Lionel de kleur tot op het papier weg met een katoenen lap, een plastic gummetje of watten.

techniek

Het gebruik van fixeer

Veel kunstenaars hebben iets tegen fixeer. Anderen gebruiken het evenwel om de losse textuur van bijvoorbeeld zachte pastel onder controle te houden. Het fixeerproces is te vergelijken met de opbouw van een olieverfschilderij. U bespuit het werk verschillende keren licht met fixeer om de kleuren schoon en veegvast te houden. Fixeer het voltooide werk nog eens op dezelfde manier. Voor kunstenaars die liever geen fixeer gebruiken, kan het werk onder een vel tissuepapier geperst worden om de kleur dieper in het papier te laten dringen. Onder een glasplaatje is het werk ook goed beschermd.

Het ruwe oppervlak van pastelpapier kan snel verstopt raken. Daarom begint Lionel met losse, lichte streken, die het hele papier bedekken, zodat het schilderij zich overal in hetzelfde tempo ontwikkelt. Op deze manier verzekert hij zich van een evenwichtig resultaat.

Lionel bouwt de kleuren op door ze over elkaar heen aan te brengen en de verschillende tinten met zijn vingers, hand of een lap uit te vegen.

Portfolio

Hoo Hole

De bron van de rivier

De loop van de rivier

Brandende zomer

Vissen in de oude molonstuw

Na de storm

Versplinterde aarde

Spaans landschap met bomen

LYDIA BAUMAN is geboren in Warschau. Als kind verhuisde ze eerst naar Israël en later naar Engeland, waar ze afstudeerde in de letteren aan de Universiteit van Newcastle. Daarna volgde ze nog een studie kunstgeschiedenis aan het Courtauld Institute of Art in Londen. Sindsdien werkt ze beroepsmatig als schilder en leraar kunstgeschiedenis, voornamelijk bij de National Gallery. Haar werk is veelvuldig geëxposeerd en haar schilderijen zijn in collecties over de hele wereld te vinden, onder andere in de bedrijfscollecties van United Airlines, Warner Bros. en Saatchi en Saatchi. Haar werk is te bezichtigen bij: Rebecca Hossack Gallery, 35 Windmill Street, Londen W1P 1HH (Tel.: +44 (0)171 436 4899); Catto Gallery, 100 Heath Street, Londen NW3 1DP (Tel.: +44 (0)171 435 6660). Bij haar thuis: 24 St Mark's Rise, Londen E8 2NL

FRANK BENTLEY is autodidact en werkt in de naïeve stijl. Hij woont en werkt in West-Yorkshire. Zijn werk is geëxposeerd in veel galerieën, waaronder The Mall Galleries, Londen; The Manchester City Art Gallery; Leeds City Art Gallery; The British Work House Gallery, Dallas, Texas, VS; en Andre & Rosamon Jane Mas, Naive Art Collection Exhibition, Monaco. Zijn werk is ook in bezit van The Gallery Eisenmann, Aichtal, Duitsland. Hij is bereikbaar in zijn atelier: 8 Church Bank, Cragg Vale, Hebden Bridge, West Yorkshire HX7 5TF (Tel.: +44 (0)1422 886 760).

PHILIP BRAHAM is een Schotse kunstschilder opgeleid aan de Duncan of Jordanstone Collage of Art in Dundee en de Koninklijke Kunstacademie van Den Haag. Hij heeft verschillende prijzen gewonnen en deelgenomen aan veel exposities. Hij woont en werkt in Edinburgh. Zijn werk is te bezichtigen bij: Boukamel Contemporary Art, 9 Cork Street, Londen W1X 1PD (Tel.: +44 (0)171 734 6444; fax: +44 (0)171 287 1740).

NEIL CANNING was in de leer bij een professionele kunstenaar. Zijn eerste solo-expositie vond plaats in 1979 en sindsdien volgden er vele. Zijn werk hing in prestigieuze galerieën en expositieruimten, waaronder de Royal Academy in Londen en de Paris Salon in Parijs, en maakt deel uit van collecties in Europa, Amerika en het Verre Oosten. Recente verkopen zijn gegaan naar de collecties van: A.T. & T.; Ford Motor Co.; Kleinwort Benson Investment Management; Mitsubishi Corp.; SmithKline Beecham en vele anderen. Zijn werk is te zien bij: The Old Post Office, Farmers, Llanwrda, Dyfed, Wales SA 1 8LQ (Tel.: +44 (0)1558 650 743).

Venetië

Berglandschap

Eerste groei

Stilleven van vissen

Eenzame visser

Bergravijn

De oogst binnenhalen

Muur

Boerderij bij Dogellau

Siena

ANDIE CLAY studeerde aan het London College of Printing en heeft een diploma in grafisch ontwerpen. Ze heeft aan exposities door heel Groot-Brittannië deelgenomen en talrijke prijzen gewonnen. Ze woont en werkt in Noord-Wales en is bereikbaar in haar atelier: Porth, Blaenporth, Cardigan, Ceredigion, Noord-Wales SA43 2AP (Tel./fax: +44 (0)1239 810 713; web site: http://stdavids.co.uk/artspace/andie.htm.) Galerieën die regelmatig werk van haar tonen zijn o.a. the Tabernacle, The Museum of Modern Art, Machynlleth; The Albany Gallery, Cardiff; en The Attic Gallery, Swansea.

STEPHEN COURT houdt zich als landschapschilder voornamelijk bezig met "manieren van kijken, zien, laten zien en delen". Hij studeerde aan de Yeovil School of Art en aan het Birmingham College of Art & Design, en kreeg een Royal Academy David Murray-reisbeurs toegewezen. Hij schildert en geeft ook les in schilderen, tekenen, druk en grafisch ontwerpen. Zijn werk is te zien bij: Lupton Square Gallery, 1-2 Lupton Square, Honley, Huddersfield HD7 2AD; The Loggia Gallery, 15 Buckingham Gate, Londen SW1E 6 LB; Tidal Wave Gallery 3 Bridge Street, Hereford HR4 9BW; en de Cupola Gallerym 178A Middlewood Road, Hillsborough, Sheffield S6 1TD.

ALWYN DEMPSTER JONES studeerde aan de Flintshire School of Art, Manchester College of Art & Design, en University College, Cardiff. Zijn werk wordt in Wales en de rest van Groot-Brittannië geëxposeerd, en zijn schilderijen zijn te vinden in collecties in Groot-Brittannië en daarbuiten. Zijn werk komt voor in talrijke publicaties. Hij is bereikbaar op het volgende adres: Cedyn 24 Ffordd Trem y Foel' Parc Bryn Coch, Mold, Flintshire, Noord-Wales CH7 1NG (Tel.: +44 (0)1352 704 084 of (0)1352 756 017)

KATY ELLIS studeerde in 1995 af aan de Glasgow School of Art en won in hetzelfde jaar de Royal Scottish Academy's John Kinross beurs om te schilderen in Florence. Het jaar daarna won ze de Stoke-Roberts Painters and Stainers Travel Award, en de Winsor & Newton Young Artist Award voor aquarel. In 1996 en 1997 reisde en schilderde ze alleen in Italië. Haar werk is te bezichtigen bij: The Burford Gallery, High Street, Burford OX18 4QA, Engeland.

DAVID EVANS studeerde aan Llanelli, Swansea College of Art. Als marinier heeft hij veel gereisd. Landschappen vormen zijn belangrijkste bron van inspiratie, zowel in Groot-Brittannië als in het buitenland, en hij is met name geïnteresseerd in de effecten van het altijd veranderende licht. Hij nam deel aan talrijke exposities in o.a. Londen, Briston, Cardiff en New York, en zijn werk maakt deel uit van veel collecties, waaronder die van the House of Lords, Londen; the National Library of Wales; Beckenried, Zwitserland, en Hotel Pleiadi, Toscane, Italië. Om meer van zijn werk te zien, kunt u contact met hem opnemen in zijn atelier: 24 The Crescent, Burry Port, Carms, Wales SA16 OPP.

Strelitzia

Kreeft

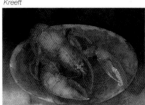

Brooke-huis in Kent

Somerset-huis

Landlied

Rochas 9

Eerste licht, Purnululu

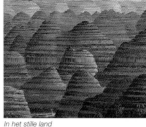

In het stille land

SHIRLEY FELTS studeerde in 1960 af aan de Universiteit van Texas. Ze heeft veel gereisd en tekende en schilderde in Japan, Nepal en Noord- en Zuid-Amerika. Haar werk bevindt zich in publieke en privé-collecties in Groot-Brittannië en andere landen. Ze heeft boeken voor volwassenen en kinderen geïllustreerd en won in 1995 de Conservation Book-prijs voor *The Blue Whale.* In 1996 en 1997 werkte ze voor het Iwokrama-regenwoudonderzoeksprogramma in Guyana. Ze schilderde uitzichten op het woud bij de rivier de Essiquito. Een van deze schilderijen is in 1996 aangeboden aan wijlen de president van Guyana, Dr. Chedd Jagan. Haar werk is te zien bij: Alex Gerrard Fine Art, Bell Lodge, Vinehall, East Sussex TN3 5JN.

LYNETTE HEMMANT groeide op in het Zuid-Wales, Australië en Engeland. Ze studeerde aan de St. Martin's School of Art in Londen en werkte daarna vele jaren als illustrator. Ze heeft een aantal interessante klussen gedaan, waaronder het ontwerpen van een serie postzegels voor het eiland Guernsey en maakte illustraties voor het prestigieuze Amerikaanse kindertijdschrift *Cricket*. Haar eerste schilderijen werden in 1985 verkocht bij de Bolzani-galerie in Milaan. Ze heeft huizen in Italië en Engeland, waar ze voornamelijk landschappen en tuinen schildert, zowel echte als imaginaire. Ze is bereikbaar op: 35 Camberwell Grove, Londen SE5 8JA (Tel.: +44 (0)171 703 6186).

THIRZA KOTZEN studeerde aan de Universiteit van Witwatersrand, Zuid-Afrika; the Central School of Art and Design, Londen, Engeland; en de Universiteit van Oregon, Oregon, VS. Ze heeft talrijke prijzen en ereblijken gekregen, en heeft een aanzienlijke ervaring met lesgeven. Ze had maar liefst elf solo-exposities, veel daarvan bij de Curwen Gallery in Londen maar ook in Johannesburg, en ze heeft deelgenomen aan veel groepsexposities over de hele wereld. Haar stukken maken deel uit van particuliere collecties en van een reeks instituten waaronder IBM in Parijs; The Bank of China in Londen; en Anglo American, Zuid-Afrika. Haar werk is te bezichtigen bij: Curwen Gallery, 4 Windmill Street, London W1P 1HF (Tel.: +44 (0)717 636 1459).

ROBERT MACLAURIN is een Schotse kunstenaar en woont in Edinburgh. Hij studeerde af aan het Edinburgh College of Art en won een Turkse regeringsbeurs om te schilderen in Istanbul. Zijn schilderijen maken deel uit van veel publieke en privé-collecties, waaronder die van The Contemporary Art Society en The Scottish National Gallery of Modern Art. In 1995 en 1996 werkte hij in Australië met een Sir Robert Menzies-beurs en in 1998 won hij de Noble Gossart Scottish paintingprijs. Zijn werk kan bezichtigd worden bij: Berkeley Square Gallery, Londen (Tel.: +44 (0)717 493 7939).

Landweg

Einde van de zomer

Invermoriston

Tekens van de lente

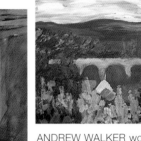
De brug in de herfst

Irissen, Loch Auchenreoch

Brits landschap

Spoor

Renands boerderij, Sault Vancluse

HUGH MCNEIL MCINTYRE studeerde aan de Rhode Island School of Design, VS en het Edinburgh College of Art. Hij schilderde in talrijke landen, waaronder Duitsland, Frankrijk, Spanje en Brazilië. Zijn schilderijen zitten in verschillende prestigieuze collecties waaronder die van Zijne Majesteit de prins van Wales en The British Linenbank Headquarters, Edinburgh; The Robert Flemming Collection; PDC, New York; Ashai Optical Co. Ltd. Tokio; Brunell University, en anderen. Zijn werk is te zien bij: The Contemporary Fine Art Gallery, 31 High Street, Eton, Windsor, Berkshire SL4 1HL (Tel.: +44 (0)1753 854 315; fax: +44 (0)1753 60 390).

LIONEL PLAYFORD studeerde marine-architectuur en werkte in de scheepsbouw voordat hij cursussen in kunst ging volgen aan de Cumbria College of Art & Design, Newcastle Polytechnic en later Newcastle University. Momenteel studeert hij voor zijn doctoraal. Hij heeft deelgenomen aan veel exposities in Londen, Newcastle, Edinburgh, Florida, Ohio en Ierland. Zijn werk is te zien bij: New Academy Gallery, 40 Morton Street, Londen (Tel.: +44 (0)171 834 7773); en Chandler Gallery, Hunton, Bedale, North Yorkshire (Tel.: +44 (0)1677 540 403).

EVELYN POTTIE woont en werkt als schilder en drukker in Schotland waar ze regelmatig op verschillende plaatsen exposeert. Ze heeft haar opleiding genoten aan de Grays School of Art in Aberdeen. Nu werkt ze parttime als drukker/technicus voor Highland Printmakers Workshop & Gallery. Ze werkt het liefst met druktechnieken, meestal zeefdruk of een combinatie van druk en acrylverf. Haar onderwerp is het landschap en ze steekt veel tijd in buiten tekenen en onderzoek doen naar de geschiedenis van het gebied. Ze is te bereiken bij: Art studio tm, Inchmore Hall, Krikhill, Inverness (Tel.: +44 (0)1463 831 789; email: evelyn@pottie.demon.co.uk).

SALLIANN PUTMAN studeerde aan het West Surrey College of Art & Design. Ze is buitengewoon lid van the Royal Watercolour Society. Haar atelier bevindt zich in Berkely, maar ze schildert in veel delen van Engeland, in Frankrijk en in Venetië. Ze werkt met olieverf, aquarel en gemengde technieken. Ze exposeert in verschillende galerieën in Zuidoost-Engeland en in een aantal galeries in de VS. Haar werk is te bezichtigen bij: Bankside Gallery 48 Hopton Street, Londen SE1 9JH (Tel.: +44 (0)717 928 7521). Hier zetelt de Royal Watercolour Society.

ANDREW WALKER woont in Schotland. Hij studeerde aan het Edinburgh College of Art. Hij heeft verschillende solo-exposities gehouden in Schotland en Engeland, en heeft deelgenomen aan een groot aantal groepsexposities in Groot-Brittannië. Zijn werk maakt deel uit van publieke en privé-collecties in Schotland en daarbuiten. Zijn werk is te zien bij: The Firth Gallery, 35 William Street, Edinburgh (Tel.: +44 (0)131 225 2196); en Cyril Gerber Fine Art 148 West Regent Street, Glasgow (Tel.: +44 (0)141 221 3095) of neem contact op met Andrew bij Wasps Studios, 3 West Park Place, Dalry Road, Edinburgh (Tel.: +44 (0)131 313 2484).

Lijst van kleuren

Hier volgt een overzicht van de verschillende kleuren verf die door de schilders in dit boek worden gebruikt. Houd er rekening mee dat de kwaliteit per merk en soort verschilt, en lees altijd de bijsluiter van de fabrikant. Voor de beste resultaten gebruikt u artists' quality-verven van een goed merk, zoals Winsor & Newton.

alizarine bruin – lijkt op sienna gebrand; nogal transparant; lage kleurkracht; kan verbleken; geeft af op overlappende verf alizarine karmijn – populair paarsrood; transparant; olieverf kan barsten als hij te dik opgebracht wordt; de aqarelverf kan, wanneer dun aangebracht, verbleken; niet geheel lichtecht

briljantgroen – helder lichtgroen; dekkend; redelijk lichtecht

cadmiumgeel – schoon en helder; dekkend; lichtecht; betrouwbaar

cadmiumgeel citroen – lichtste, koudste geel; groenig; nogal sterke kleurkracht

cadmiumgeel licht – helder, koel, lichtgeel; dekkend; zeer lichtecht, hoewel het als aquarelverf in een lichte, vochtige omgeving kan verbleken; redelijk sterke kleurkracht

cadmiumgeel medium – schoon, warm geel; dekkend; zeer lichtecht, hoewel het als aquarelverf in een lichte, vochtige omgeving kan verbleken; behoorlijk sterk

cadmiumoranje – intens, helder oranje; dekkend; lichtecht; redelijke kleurkracht

cadmiumoranje donker – heeft dezelfde eigenschappen als cadmiumoranje, maar is donkerder

cadmiumrood – helder, warm rood; dekkend; geheel lichtecht, goede kleurkracht

cadmiumrood donker – met dezelfde eigenschappen als cadmiumrood, maar donkerder

ceruleumblauw – helder groenig blauw; dekkend; in aquarelverf korrelig; lichtecht; nogal zwakke kleurkracht

Chineeswit – soort zinkwit, sterk dekkend in aquarel; koud; helder

chroomoxyd – kleur verschilt enigszins per merk; dekkend tot halfdekkend; lichtecht; redelijke kleurkracht; betrouwbaar

chroomoxydgroen – uitstekend, sterk, helder blauwachtig groen; lichtecht; transparant; vlekt gemakkelijk op overlappende kleuren

gele oker – gedempte gele aardekleur; meestal fel; lijkt op sienna naturel, maar is transparanter; absoluut lichtecht

groene aarde – groene aarde-pigment, wordt sinds mensheugenis gebruikt; halfdekkend; lichtechtheid hangt af van het merk; slechte kleurkracht

hemelsblauw – intens koel blauw; transparant; lichtecht; grote kleurkracht

indigo – donker, inktachtig blauw oorspronkelijk gemaakt van bladeren; soms niet kleurecht

Indischrood – oorspronkelijk gemaakt van rode aarde; voordelig roodbruin; volledig lichtecht; dekt goed

kobaltblauw – oorspronkelijk gewonnen uit kristallen; transparant; lichtecht; lage kleurkracht

kraplakpurper – rijke wijnrode kleur; transparant, permanent

kraplakroze – oorspronkelijk verkregen uit de krap, thans synthetisch; prachtige zachtroze kleur; transparant; sommige merken zijn niet geheel lichtecht, dus lees voor gebruik de informatie van de fabrikant.

lichtrood/Engelsrood – aardekleur; meestal dekkend; absoluut lichtecht

loodwit – gemaakt van lood, en daardoor zeer giftig, ook in zeer kleine hoeveelheden, dus niet schilderen en eten tegelijk; prachtig helder wit; alleen geschikt voor olieverf en alkydhars; werd al gebruikt bij de oude Egyptenaren en Chinezen; zeer duurzaam

magenta – helder violetrood; lichtechtheid verschilt per merk

Marsbruin/transparantoxydbruin – warm, roodachtig bruin, kleur lijkt sterk op sienna gebrand, oorspronkelijk gemaakt van ijzeroxide; dekkend; absoluut kleurecht

Marsrood – oorspronkelijk gemaakt van ijzeroxide; meestal dekkend; absoluut lichtecht; goede mengkleur

Marszwart – donder, dicht zwart; dekkend; lichtecht; zeer grote kleurkracht

Napelsgeel – meestal een prachtig mengsel van cadmiumgeel en wit; dekkend; lichtecht

omber gebrand – verkregen door omber naturel te roosteren; transparant wanneer sterk verdund; dekkend wanneer minder verdund; absoluut lichtecht; redelijke kleurkracht

omber naturel – warme bruine aardekleur; koel; groenachtig bruin; kan op den duur donkerder worden; lichtecht

oxydrood – verkregen uit synthetische of kunstmatige ijzeroxide; kleur lijkt op Indischen Marsrood; kleur verschilt per merk; halfdekkend; goed lichtecht

Paynesgrijs – zacht blauwzwart; lichtechtheid verschilt per merk; dekt goed

permanent alzarine purper – violetrood; transparant tot halftransparant; matig lichtecht

permanentgeel – lichtgeel; ondanks de naam zijn niet alle merken lichtecht, dus let op het pigmentgehalte

phtaloblauw – intens blauw; transparant, lichtecht; grote kleurkracht

phtalogroen – levendig blauwgroen; zeer transparant; lichtecht; zeer grote kleurkracht

Pruisischblauw – donker groenachtig blauw; transparant; zeer grote kleurkracht; lichtecht, al worden sommige merken op den duur donkerder; kleur lijkt op phtaloblauw

sapgroen – oorspronkelijk gemaakt van wegedoornbessen; zacht aardegroen; lichtechtheid verschilt per merk en kan matig zijn

sepia – oorspronkelijk gemaakt van de inkt van inktvis; donker zwartbruin; lichtechtheid verschilt per merk

sienna gebrand – heldere aardetint, verkregen door het branden van sienna naturel; lijkt op Indischrood; transparant wanneer sterk verdund; dekkend wanneer minder verdund, absoluut lichtecht

sienna naturel – zachte gele aardekleur; goed dekkend; absoluut lichtecht

titaanwit – goedkoop, helder wit; niet zo giftig als loodwit; zeer dekkend; absoluut lichtecht

ultramarijn – oorspronkelijk gemaakt van lapis lazuli en daardoor zeer prijzig; prachtig helder violetblauw; transparant; absoluut lichtecht; goede kleurkracht

vermiljoen – helder, intens oranjerood; lijkt op cadmiumrood; matig lichtecht in aquarelverf

violet – meestal dekkend; lichtecht; nogal lage kleurkracht

vleeskleur – romig roze; dekkend tot halfdekkend; lichtecht

Winsor rood – rijk rood; transparant tot halftransparant; lichtecht

zinkwit – koel wit; transparanter dan andere witten; lichtecht; droogt hard op

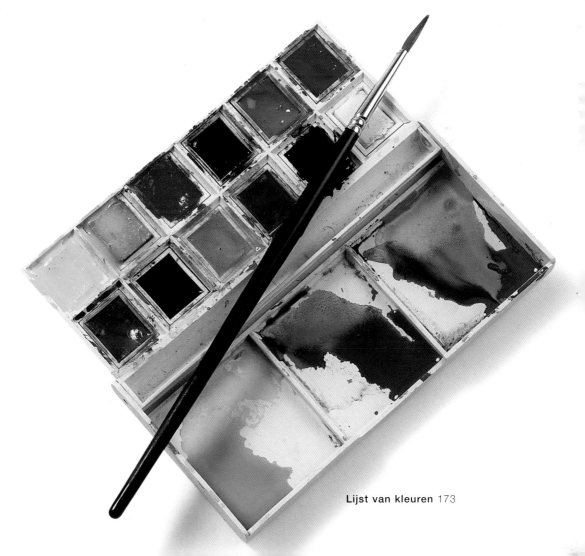

Verklarende woordenlijst

Aardekleuren – pigmenten die oorspronkelijk van gekleurde aarde werden gemaakt. Dit zijn terre verte (een zacht groen), gele oker, sienna, omber en Indischrood; ze variëren in kleur van zachtgeel tot bruin.

Acryl – een sneldrogende, moderne verfsoort die gemaakt wordt door pigment te combineren met acrylaathars. Deze verf is te gebruiken als olie- of alkydverf als hij dik is, en als aquarelverf als hij verdund is. Hij droogt snel op tot een waterresistente laag die niet vergeelt. Acrylverven zijn in water oplosbaar als ze nat zijn en worden vaak door schilders gebruikt die met gemengde technieken werken. Vloeibare acryl heeft het karakter, de structuur en de kleurdiepte van inkt.

Alkydverf – een moderne soort olieverf die echter veel sneller opdroogt. Deze verf kan op zichzelf gebruikt worden of samen met olieverf om de droogtijd te bekorten.

Aquarelverf – een verftype dat wordt gemaakt door pigment met Arabische gom te combineren. Wat glycerine zorgt ervoor dat de verf niet gaat barsten. De kwaliteit van de verf hangt voornamelijk af van de kwaliteit van de gebruikte pigmenten, dus kunt u het beste een bekend merk kiezen.

Arabische gom – het schildersmedium dat bij aquarelverf gebruikt wordt om het pigment te binden. U kunt extra Arabische gom toevoegen om de verf transparanter en glanzender te maken. De gom moet spaarzaam gebruikt worden en wordt meestal eerst met veel water verdund om te voorkomen dat er te veel van gebruikt wordt.

Beenderlijm – een traditionele lijm, verkrijgbaar in korrelvorm, die verhit kan worden en gemengd met witkrijt om gesso te maken. Hij kan ook opgelost worden in warm water voor het planeren van het doek of de panelen.

Bijna-complementaire kleuren – niet helemaal complementaire kleuren. De echte complementaire kleur van blauw is oranje, dus een warm geel zou in dit geval de bijna-complementaire kleur zijn.

Bindmiddel – de substantie die het pigment bij elkaar houdt, zodat er verf ontstaat, zoals Arabische gom of lijnolie.

Complementaire kleuren – kleuren die in de kleurencirkel tegenover elkaar liggen. Voorbeelden zijn rood en groen; geel en paars; blauw en oranje. Als ze naast elkaar worden gezet, lijken complementaire kleuren elkaar extra levendigheid te geven en gemengd ontstaan er zachte neutralen. Zie ook bijna-complementaire kleuren.

Dik-over-dun – de techniek om een olieschilderij te beginnen met verf verdund met terpentijn of iets anders en dan verder te schilderen met pure verf of verf gemengd met olie voor de eindlagen. Dit betekent dat de eerste lagen snel drogen en dat correcties gemakkelijk aan te brengen zijn, terwijl de bovenste lagen er langer over doen. Het voorkomt ook barsten, wat wel kan gebeuren als verdunde verf wordt aangebracht over olierijke verf. De techniek is ook geschikt voor alkyd- of acrylverven.

Droogpenseeltechniek – een kleine hoeveelheid onverdunde verf wordt licht over het oppervlak van het schildervlak gestreken, zodat er een gebroken kleurspoor achterblijft.

Eitempera – een traditionele verf die gemaakt wordt door vers, rauw eigeel te mengen met pigment en gedistilleerd water of olie. De verf droogt binnen enkele seconden; hij is geschikt voor kunstenaars met een nauwgezette werkwijze. Tegenwoordig is er kant-en-klare tempera verkrijgbaar, hoewel de meeste kunstenaars liever hun eigen eitempera maken. Dit is misschien wel de best houdbare van alle verfsoorten.

Gebroken kleur – ontstaat wanneer kleuren in geringe hoeveelheden naast elkaar worden aangebracht, zodat ze zich van een afstand lijken te vermengen. Het resultaat geeft de eigenschappen van licht heel goed weer.

Gemengde technieken – de term die gebruikt wordt als een werk met verschillende materialen gemaakt wordt. Het kan bijvoorbeeld gemaakt worden met aquarelverf, gouache, gekleurde inkt en pastel.

Gesso – een traditionele witte gronding voor houten of met doek bespannen panelen, die gemaakt wordt van witkrijt en beenderlijm. Ze moet verhit worden om de lijm in de witkrijt te laten smelten; het mengsel moet aangebracht worden als het nog warm is. Als het oppervlak droog is, kan het geschuurd worden en vervolgens kunnen er meerdere lagen aangebracht worden tot er een superglad oppervlak ontstaat. Gesso is het geschiktst voor verven op waterbasis, zoals acryl en eitempera.

Gouache – een dekkende verf op waterbasis die zich min of meer als aquarelverf laat gebruiken. Hij is geliefd bij illustratoren en grafisch ontwerpers om zijn felle kleuren en omdat hij mat opdroogt. Als u veel water toevoegt, gaat hij meer op aquarelverf lijken, maar als u hem puur gebruikt, heeft hij een goede dekkracht. In tegenstelling tot aquarelverf kan hij op een gekleurde ondergrond worden aangebracht.

Gulden snede – de verdeling van een vlak langs geometrische lijnen om 'perfecte' verhoudingen te creëren. De regel van de driedeling is een vergelijkbare, eenvoudiger manier om de belangrijkste elementen hun plek te geven.

Hp-papier – aquarelpapier dat heet geperst is om een hard, glad oppervlak te verkrijgen. Het is ideaal voor gedetailleerd werk, maar de verf loopt wel heel gemakkelijk uit op dit papier. Zie ook ruw papier.

MDF – Medium Density Fibreboard. In de fabriek van houtpulp gemaakte platen die geen nerf hebben en daarom gemakkelijk in een bepaalde vorm te zagen zijn en voor schilders goed glad zijn om op te werken. Het is goedkoop en gemakkelijk verkrijgbaar.

Monochroom – een schilderij of tekening die gemaakt is in een reeks schakeringen en tinten van één enkele kleur. De term wordt meestal gebruikt voor zwarte en bruine tonen.

Nat-in-droog – het tegenovergestelde van nat-in-nat; dit betekent eenvoudig het aanbrengen van aquarelverf op droog papier of op droge verf. Als de kleur opdroogt, vormt hij een harde rand, waarmee u bijvoorbeeld goed een boomstronk kunt vormgeven.

Nat-in-nat – een term die gebruikt wordt voor de aquarelleertechniek waarbij verf wordt aangebracht op nat papier of op natte verf, zodat de kleuren door elkaar lopen en zich mengen. Het is erg moeilijk precies te voorspellen wat er gebeurt als u deze techniek toepast, maar de resultaten zijn soms schitterend.

Neutralen – kleuren die afgezwakt zijn, zodat ze niet langer volledig verzadigd zijn. Deze term wordt meestal gebruikt voor kleuren die moeilijk te beschrijven zijn en vaak bijna grijs of zwart lijken, maar hij slaat ook op pastels en andere middelkleuren. Neutralen kunt u gemakkelijk mengen van de kleuren die tegenover elkaar liggen in de kleurencirkel, zoals blauw en oranje.

Olieverf – een verfsoort die gemaakt wordt door pigment te combineren met olie, zoals lijnolie of papaverolie. Additionele mediums, zoals een siccatief of was, kunnen gebruikt worden om bijvoorbeeld de textuur te verbeteren of de droogtijd te bekorten. De meeste fabrikanten leveren twee assortimenten, één die bedoeld is voor studenten en de andere voor beroepskunstenaars. De kleurenschema's voor studenten zijn meestal minder duur, omdat ze minder pigment bevatten. Het is geen enkel probleem beide verfkwaliteiten in één schilderij te gebruiken als dat gewenst is.

Ondergrond – een geprepareerd schildervlak zoals een doek behandeld met grondverf. De verf kan een kleur hebben en in dat geval heet het oppervlak een 'gekleurde ondergrond'.

Paletmessen – letterlijk messen die ontworpen zijn om samen met het palet gebruikt te worden. Ze worden gebruikt om op het palet verf te mengen, het palet schoon te schrapen of verf van het schilderij te verwijderen. Ze hebben een recht, buigzaam lemmet, dat langer is dan het lemmet van een schildersmes, en het heft heeft geen knik. Met het stompe uiteinde haalt u gemakkelijk verf van het palet af.

Pastel – staven pigment gecombineerd met krijt of kaoline, dat door gom bij elkaar gehouden wordt. Zachte pastels worden het meest gebruikt. Ze zijn verkrijgbaar in staafvorm en bevatten een hoog percentage pigment, wat betekent dat ze een uiterst rijke kleur kunnen afgeven. Harde pastels bevatten meer bindmiddel en zijn dus steviger; wat ze afgeven lijkt meer op het effect van kleurpotlood. Pastelpotloden zijn pastels in een houten huls; ze zijn ideaal om details mee aan te brengen in met pastel of gemengde technieken gemaakte werken of voor schilders die niet houden van de rommel van zachte pastels. Oliepastels zijn weer anders: ze worden gemaakt door pigment met dierlijk vet en was te mengen en laten zich beter met olieverf combineren dan andere pastels.

Pigment – pure gedroogde kleur die gemengd kan worden met een bindmiddel, zoals Arabische gom, lijnolie of eigeel om verf te maken. Het is als fijn poeder verkrijgbaar bij winkels in schildersartikelen, maar soms is het nodig de poeder nog verder te verpulveren voordat er verf van gemaakt kan worden.

Primaire kleuren – rood, geel en blauw. Deze kunnen niet gemaakt worden door het mengen van andere kleuren, maar in theorie kunnen ze gecombineerd elke andere kleur maken. In de praktijk zijn de ware primaire kleuren niet als verf verkrijgbaar. U moet van elk een warme en een koele versie kopen en een tube wit –tenzij u aquarelverf gebruikt– voordat u de meeste tinten kunt mengen. Zelfs dan is het veel handiger enkele

extra kleuren op uw palet te hebben. Zie ook secondaire en tertiaire kleuren.

Regel van de driedeling – een middel om esthetisch aangename verhoudingen te creëren in een compositie. Dit houdt in: het mentaal of fysiek zowel horizontaal als verticaal in drieën verdelen van het werkvlak en de verdeellijnen gebruiken om de compositie mee op te bouwen. De punten waar de verticale en horizontale lijnen elkaar snijden, worden beschouwd als de sleutelposities.

Ruw papier – aquarelpapier met een ruw oppervlak, waardoor de verf erin kan wegzakken. Zo ontstaat er een aantrekkelijk, gespikkelde bovenlaag. Zie ook HP-papier.

Schildersmessen – letterlijk messen die gebruikt worden bij het schilderen. Ze hebben een lemmet in een bepaalde vorm: sommige heel lang en dun, andere kort en breed en bijna hartvormig. Het heft heeft een knik, zodat de hand het te beschilderen oppervlak niet raakt en het puntige uiteinde maakt allerlei soorten markeringen mogelijk.

Secondaire kleuren – oranje, groen en paars, die gemaakt worden door het mengen van gelijke delen van twee primaire kleuren. Zie ook primaire en tertiaire kleuren.

Sgraffito – de methode waarbij verf wordt weggeschraapt met een scherp voorwerp om textuur te creëren.

Tertiaire kleuren – dit zijn blauwgroen, oranjerood en rozepaars. Ze worden gemaakt door gelijke delen van een primaire kleur en de aangrenzende secondaire kleur te mengen. Dit procédé kan herhaald worden door een tertiaire met een secondaire kleur te mengen en zo verder om een reeks subtiele tinten te maken. Zie ook primaire en scondaire kleuren.

Tonking – een manier om overtollige olieverf van een schilderij af te halen om het drogen te versnellen, genoemd naar de bedenker ervan, Sir Henry Tonks. De techniek houdt gewoon in dat een stukje absorberend papier op de natte verf wordt gedrukt; als het eraf getrokken wordt, neemt het iets van de verf mee. Het papier mag niet bedrukt zijn, want dan kan de inkt de verf vies maken.

Toon – de licht- of donkerheid van een kleur alsof het onderwerp een zwart-witbeeld is.

Verdunner – de substantie die gebruikt wordt om verf te verdunnen. Voor olieverf is dit volgens traditie terpentijn en de verdunner voor aquarelverf en acrylverf is water.

Vernislaag – verf die in een transparante of semitransparante laag wordt aangebracht om de kleur eronder te wijzigen. Een vernislaag kan de kleur eronder verdiepen of afstompen.

Vervloeiing – de methode waarbij twee kleuren zo gecombineerd worden dat het onmogelijk is te zeggen waar de ene kleur eindigt en de andere begint. Vervloeien wordt meestal gedaan met een kwast, doekje of met de vinger.

Vlak – papier, doek, paneel of board waarop het schilderij gemaakt wordt.

Vlekkend – een verf die zo'n vlek maakt in het papier waarop hij wordt aangebracht dat die niet verwijderd kan worden of doorsijpelt naar andere lagen.

Vluchtig – wordt gezegd van verf die met de tijd of door blootstelling aan licht verbleekt.

Voorbewerken – een van de eerste stadia van een traditioneel olieverfschilderij, waarin de elementen van de compositie in monochrome of heel zachte, milde kleuren ingeschetst zijn. De toonwaarden worden nu bepaald. Kunstenaars noemen deze basis ook wel 'het opzetten'.

Witkrijt – een wit, kalkachtig poeder dat volgens de traditie met beenderlijm gemengd wordt om gesso te maken.

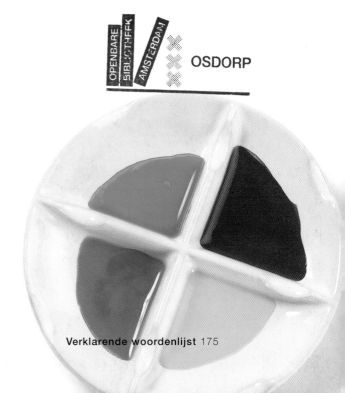

Andere boeken over dit onderwerp

Voor beginners die geïnteresseerd zijn in stap-voor-staptechnieken bestaat er een reeks schilderboeken uitgegeven bij Librero: *Acrylverftechnieken,* Hazel Harrison (ISBN 90-72267-19-2), *Aquareltechnieken,* Hazel Harrison (ISBN 90-72267-12-5), *Decoratieve schildertechnieken,* Simon Cavelle (ISBN 90-72267-20-6), *Olieverftechnieken,* Jeremy Galton (ISBN 90-72267-13-3), *Pasteltechnieken,* Judy Martin (ISBN 90-72267-451).

Dankwoord

Ik wil Brenda Dermody bedanken, omdat zij dit boek zo mooi ontworpen heeft, en Julien Busselle voor zijn schitterende fotografie. Verder wil ik Winsor & Newton bedanken voor het verschaffen van veel materiaal dat in dit boek gebruikt is en Zoe Spencer, die om te beginnen de kunstenaars heeft gevonden. Dit boek zou niet tot stand zijn gekomen zonder de bijdragen van de kunstenaars en de inspiratie van Angie Patchell van RotoVision, of zonder de moed van Brian Morris, die toestemming gaf tot publicatie.